www.ingramcontent.com/pod-product-compliance
Lightning Source LLC
LaVergne TN
LVHW010334070526
838199LV00065B/5746
9789369080786

چشمِ نگراں

(مجموعہ کلام)

خواجہ شوقؔ

© Khwaja Shauq

Chashm-e-NigraaN *(Poetry)*
by: Khwaja Shauq
Edition: December '2024
Publisher :
Taemeer Publications LLC (Michigan, USA / Hyderabad, India)

ISBN 978-93-6908-078-6

مصنف یا ناشر کی پیشگی اجازت کے بغیر اس کتاب کا کوئی بھی حصہ کسی بھی شکل میں بشمول ویب سائٹ پر اَپ لوڈنگ کے لیے استعمال نہ کیا جائے۔ نیز اس کتاب پر کسی بھی قسم کے تنازع کو نمٹانے کا اختیار صرف حیدرآباد (تلنگانہ) کی عدلیہ کو ہوگا۔

© خواجہ شوقؔ

کتاب	:	**چشمِ نگراں** (مجموعہ کلام)
مصنف	:	**خواجہ شوقؔ**
صنف	:	شاعری
ناشر	:	تعمیر پبلی کیشنز (حیدرآباد، انڈیا)
سالِ اشاعت	:	۲۰۲۴ء
صفحات	:	۱۴۶
سرورق ڈیزائن	:	تعمیر ویب ڈیزائن

انتساب

میں اس مجموعۂ کلام کو اپنے دادا اُستاد حضرت سیّد صفی الدین حسن کیفیؒ
(یادگار حضرت خواجہ میر دردؒ و جانشین حضرت داغ دہلویؒ)

اور

اپنے دونوں اُستادوں حضرت صفی اورنگ آبادیؒ و مفتی میر اشرف علی صاحبؒ
کے اسمائے گرامی سے
معنون کرنے کی سعادت حاصل کرتا ہوں
جن کے فیضان و تربیت نے مجھے ہر طرح سنوارا۔

خواجہ شوق

چشمِ نگراں (شاعری) خواجہ شوق

شوقؔ، آنسو ہی زبانِ غم و آلام نہیں
کچھ تبسم بھی یہ مفہوم ادا کرتے ہیں

فہرست

صفحہ	سلسلہ نمبر		صفحہ	سلسلہ نمبر	
۲۱	۲۱. کیا اعتبار سانس کا جب تک چلی چلی		۱۶	۱. لَا اِلٰہَ اِلَّا اللہ	
۲۲	۲۲. آنکھ والوں کے صحیفے ہیں کتابی چہرے		۱۷	۲. نعت سرورِ کائنات	
۲۳	۲۳. نظر والے کھتے ہیں نظر کو		۱۸	۳. چاک دل میں بے سلامت ہے گریباں میرا	
۲۴	۲۴. محبت سلامت بنظروں نظارے		۱۹	۴. چراغِ اہلِ نظر آندھیوں میں جلتے ہیں	
۲۵	۲۵. صاف پیمان نہ کرنے کو قائل نمبر		۲۰	۵. چاہتے ہیں تو خطاؤں پہ عطا کرتے ہیں	
۲۶	۲۶. آگیا ہے میری تنہائی کو محفل ہونا		۲۲	۶. مقصودِ نظر کوئی ہے موضوعِ سخن بجھول	
۲۷	۲۷. کھڑے ہم بھی وہاں گمبھانیش ذکر و نظر کم ہے		۲۴	۷. جہاں ہم بھی وہاں گمبھانیش ذکر و نظر کم ہے	
۲۸	۲۸. بنا کرتے ہیں گھر کو ہمیشہ کھروانے		۲۶	۸. جن کی نظر والی ہی منزل دو کہاں تک پہنچے	
۲۹	۲۹. اب نظر پردہ کیا نفظ تہمت بینائی ہے		۲۷	۹. جلوہ پردہ ہے یا نظمۂ پردہ	
۵۱	۳۰. دل ملتے ہیں مگر بم گریزاں کی طرح		۲۸	۱۰. وہی قائل نہیں جو بے خبر کے سامنے آئے	
۵۲	۳۱. زندگی بن گیا ہے غم تیرا		۲۹	۱۱. تری نگاہ نے کیا کر دیا خدا جانے	
۵۴	۳۲. دوں کے فاصلے قربت میں بھی جلتے نہیں ملے		۳۰	۱۲. منزل تو میں ہے وہی ہے میری تو جہاں ملے	
۵۵	۳۳. جن کا احساس ہے زندہ وہ ہیں مجبور بہت		۳۱	۱۳. جو بھی محفل سے اٹھا اس کی جگہ خالی ہے	
۵۶	۳۴. سنبس لئے دل تیری منزل کچھے آواز دیتی ہے		۳۲	۱۴. معلوم نہیں بے بازی دل بنی تڑپنے تک پہنچی	
۵۸	۳۵. ہوشمندوں کی زبان کیا ہے نظر تک چپ ہے		۳۴	۱۵. کتنی کٹھن ہے زندگی سلامت یہ مرحلے بھی نظرے گزرے	
۵۹	۳۶. میرا ذوقِ نظر قاتل ہے میرا		۳۶	۱۶. کسی بلیتے سے غموں کا زہر پی لیتے ہیں لوگ	
۶۰	۳۷. غلطیوں کے لئے پیغامِ سحری ہم لوگ		۳۷	۱۷. برسوں میں کہیں جا کر ہوتی ہے نظر پیدا	
۶۱	۳۸. منافقت بھی برائن ہے اس زمانے کا		۳۸	۱۸. دھوپ ڈھلتی ہے تو سائے بھی بڑے ہوتے ہیں	
۶۲	۳۹. صاف ملتے ہیں گر دل میں حد رکھتے ہیں		۳۹	۱۹. راستے سب ہے جدا اپنا	
۶۳	۴۰. نہ آج دلبسی ہمیں نہ آج دلبسی خغلاں		۴۰	۲۰. محبت سازِ نظر اپنے لے کر کیا جاؤں گلستاں میں	

۶

۶۴ـ آرام دیر تک ہے نہ آزاد دیر تک ۹۵		۲۱ـ وقت آئے گا تو بدنام فقط ہم ہوں گے ۶۵	
۶۵ـ غروبِ مہر کا عالم بھی کم دلکش نہیں ہوتا ۹۶		۲۲ـ ہم کچھ سمجھتے ہیں نقصانِ اپنا ۶۶	
۶۶ـ حالات بدل جاتے ہیں حالات کا کیا ہے ۹۷		۲۳ـ جو تری محفل میں آیا وہ خود اک محفل بنا ۶۷	
۶۷ـ رنگ لایا ترا آزار برسوں بجانا ۹۸		۲۴ـ دن میں سفید پوش ہیں شب میں نقاب پوش ۶۸	
۶۸ـ ہم بہت کم کسی سے ملے ۹۹		۲۵ـ جب یہ عالم ہے ادھر کا تو ادھر کیا ہوگا ۶۹	
۶۹ـ شام ہوتے ہوتے رہ جاتے ہیں خود منزل سے ہم ۱۰۰		۲۶ـ نظر تاروں پہ رہتی ہے گزر جاتا ہوں تاروں سے ۷۰	
۷۰ـ نظاریا نہ ہوں تو کیا ہے نظاروں کی زندگی ۱۰۱		۲۷ـ معصومیت اتنی ہے شرمندہ نگاہوں میں ۷۲	
۷۱ـ پہلے کچھ اپنا ماحول بنایا جائے ۱۰۳		۲۸ـ بعض افسانے الگ ہونے ہیں عنوانوں سے ۷۳	
۷۲ـ کیسی چلتی ہے حد جائے سحاب لے برس ۱۰۴		۲۹ـ لوگ اب منافعِ ظلم رہ زہر دیکھتے نہیں ۷۵	
۷۳ـ مرا وقت آئے زمانہ سے ہشیار گناہ ۱۰۶		۳۰ـ یہ دیکھیے کہ دستِ غم کہاں سے ہے ۷۶	
۷۴ـ عہد کی راہ میں ہر چیز سے مشورہ کرنا ۱۰۷		۳۱ـ زعم بے راہ تو مرم بھی گراں ہوتا ہے ۷۸	
۷۵ـ یہ ایک دن کا درد نہیں عمر بھر کا ہے ۱۰۸		۳۲ـ مقامِ بخشش سے گزرے تو حیرت کا مقام آیا ۷۹	
۷۶ـ اسی عالم میں کچھ ایسے بھی عالم پائے جاتے ہیں ۱۰۹		۳۳ـ جانے والے ساتھ لیتا جا نظر پانے کی روشنی ۸۱	
۷۷ـ دل تو نہ دل تھا گر بدل جاتے ہیں ویرانے کے دن ۱۱۰		۳۴ـ دیکھیے کیا ہو زمانے کا چلن میرے بعد ۸۳	
۷۸ـ دیر لگتی نہیں ہنگامہ بپا ہونے کو ۱۱۱		۳۵ـ کیا جلنے کہاں جاکے نظر ٹھہر گئی ہے ۸۴	
۷۹ـ نظر میں جو اتنا ہوا ایسے طول اٹھتے ہیں منظر تک ۱۱۲		۳۶ـ فریبِ کاشانہ زندگی کا فریب دنیا ہے زندگی کا ۸۵	
۸۰ـ جیتے جی چہرے مردوں کا نیلام چلنے دیجیے ۱۱۴		۳۷ـ یہی اب یاد نہیں ہے کہ کہاں کیا دیکھا ۸۶	
		۳۸ـ زندگی رفت کے ساتھ چلتے ہوتے ہیں بے کہاں سے کہاں دوسرے ۸۸	
۸۱ـ ارنقابہ تو انجامِ ارنقا معلوم ۱۱۵		۳۹ـ مورچہ اپنوں نے اپنوں کے مقابل باندھا ۹۰	
۸۲ـ حقائقِ زندگی کے آج افسانے کہتے ہیں ۱۱۶		۶۰ـ مجھے تو ہر شے مشکل تلاش کرتی ہے ۹۱	
۸۳ـ بیانِ دردِ کرناک ہے کھونا ہے وقار اپنا ۱۱۸		۶۱ـ ہر رزم ایک تماشا دکھا نہ دے ۹۲	
۸۴ـ خدا سلامت رکھے پھولوں کو حیاتِ ہنگامہ آشنا ۱۱۹		۶۲ـ حالات ہیں خراب ذرا دیکھ کے چلو ۹۳	
۸۵ـ یہ حادثات کا طوفاں بہت غنیمت ہے ۱۲۰		۶۳ـ آدمی کی کسی بات کی ازماں میرے کچھ نہ پوچھ ۹۴	
۸۶ـ گزرنے پہ رجب آنے میں تو ہر عالم گزرے ہیں ۱۲۱			

۷

۸۷ دردکم بھی نہیں امکانِ مداوا بھی نہیں ۱۲۳

۸۸ اک نئی صبح کی بنتی ہے فضا آخرِ شب ۱۲۴

۸۹۔ مشکلوں کے ساتھ دل کا حوصلہ بڑھتا گیا ۱۲۵

۹۰۔ غمِ دوراں کا سورج ڈوب جائے ۱۲۶

۹۱۔ جہاں بھی وقت ٹھہرائے ٹھہر جانا ہی پڑتا ہے ۱۲۷

۹۲۔ سکونِ دل کسی پہلو نہیں ہے ۱۲۸

۹۳۔ خوشی حد سے زیادہ ہو تو غم معلوم ہوتی ہے ۱۲۹

۹۴ جلوے دکھائے جاتے ہیں معیار دیکھ کر ۱۳۰

۹۵۔ غریبوں کی محبت میں کہاں شانِ امیرانہ ۱۳۱

۹۶۔ ہم تو چمن میں رہ کر بے بال و پر ہوئے ہیں ۱۳۲

۹۷۔ تو مرکزِ نگاہ ہے جس پیرہن میں ہے ۱۳۳

۹۸ زندگی کے ساتھ چلتا ہے ہمیشہ فاصلہ ۱۳۴

نظمیں

۰۱ نویدِ آزادی ۱۳۵

۰۲ جستجو ۱۳۶

۰۳ اندرا درشنی ۱۳۷

۰۴ تجدیدِ سفر ۱۳۹

۰۵ سازش ۱۴۰

۰۶ عہدِ حاضر ۱۴۳

۰۷ تلخیِ احساس ۱۴۴

۸

دُور تک جا کے خیالوں میں نظر ڈوب گئی
یہ ہے احساس کا چشمِ نگراں ہو جانا

اظہارِ حال

اصولاً جس مجموعۂ کلام کو کم و بیش پندرہ بیس سال قبل منظرِ عام پر آجانا چاہیے تھا وہ بعض مخلصین کے مسلسل اصرار پر اب پیشِ ناظرین ہے۔ شہرت گریز، تنہائی پسند، لاابالی طبیعت کے باعث جو اپنے آپ کو محفوظ نہ رکھ سکے اس سے اپنی تخلیقات کی کیا حفاظت ہوتی۔ پھر بفضلِ خدا حافظہ اس قدر قوی اور قابلِ رشک تھا کہ کبھی پوری غزل کاغذ پر لکھ کر پڑھنے کی توفیق نہیں ہوئی۔ کبھی کبھی کسی پُرزہ پر اشعار کا سرِ حرف احتیاطاً لکھ لینا بہت کافی تھا (اکثر قریبی احباب اس سے واقف ہیں) اور پھر سچ پوچھیے تو کبھی یہ خیال بھی نہیں آیا کہ حینِ حیات ایسا وقت بھی آپڑے گا کہ اس کی اشاعت بھی کرنی ہوگی۔ لہٰذا شروع ہی سے انتہائی بے پرواہی رہی۔ اس قلندرانہ روش کے ساتھ ساتھ اساتذہ کی صحبت اور مرحوم حیدرآباد کے بے نیازانہ بلکہ دلوانہ ماحول نے سمندِ ناز پہ تازیانہ کا کام کیا۔ میدانِ علم و ادب میں چالیس سال کا عرصہ کوئی معمولی تو نہیں ہوتا۔ مگر یہاں حساب دیکھا جائے کہ کیا رہا اور کیا گیا تو صاف سمجھ میں آیا کہ یہی بہت غنیمت ہے کہ بفضلِ خدا صرف ہم رہ گئے یا بقول حضرت فانی ؎

"رہا یہ وہم کہ ہم ہیں سو وہ بھی کیا معلوم"؟ اس کا نہ کوئی غم ہے نہ افسوس!!

مختصر یہ کہ پیہم حادثوں اور انقلابِ وقت کے ہاتھوں جب صحت کی طرح قوتوں نے بھی جواب دے دیا تو خود کو ہر طرح سے سمیٹنا پڑا جیسا کہ بحالتِ مجبوری ہر آدمی کرتا ہے لہٰذا دستبردِ زمانہ یا اتلاف سے جو کچھ بچ گیا وہ اپنا ہے اور جیسا کچھ ہے آپ کے سامنے ہے۔

بہت کم ہی سہی لیکن لوگ جانتے ہیں کہ "جشن والا معاملہ" بھی میں نے نہ بطیبِ خاطر قبول کیا نہ اس کا مؤید و محرک ہوں۔ میرے مزاج کے اعتبار سے یہ میری ادبی زندگی کا ایک بڑا حادثہ ہے۔ یہی وجہ

ہے کہ میں نے (کچھ مخاصمین کے بارہا اختلاف کے باوجود) آج تک کبھی ایسا موقعہ آنے ہی نہ دیا، کیونکہ میں اپنے احباب سے بخوبی واقف ہوں۔ اللہ کا بہت بڑا احسان ہے کہ یہ میری زندگی میں ہو گیا جس کو "بخیر گزشت" کہنا چاہیے۔

اس وضاحت کی ضرورت اس لئے داعی ہوئی کہ حیدرآباد کی مردم خیز سرزمین جو دو دہوں قبل تک علم و ادب پرور اور نسبتاً بہترین قدرشناس تھی اب شاعروں اور ادیبوں کی طرح بدترین قسم کی گروہ بندیوں کا شکار ہو کر افتراق و انتشار کی آماجگاہ بنی ہوئی ہے۔ مسابقتی جذبہ کے تحت ہر گروپ اپنے کاروبار چمکا رہا ہے، کئی دکانیں کھل گئی ہیں اور بلحاظ حالات سب سیاسی مفادات اور مصلحتوں کے زیر اُثر آگئے ہیں اور سب کا ذہن یہی بن گیا ہے کہ ؎

ہم جس کو چاہیں کر دیں اُسے عرش سے بلند
جس کو نہ چاہیں پھینک دیں تحت الثریٰ میں ہم

بلکہ بقول ڈاکٹر حسینی شاہد ـــ "ہر جگہ ایسے کچھ لوگ مسلط کردیئے گئے ہیں جن کا کام ہی تباہی پھیلانا ہے ـــ" حیدرآباد کے ایک ممتاز شاعر جناب وقار خلیل نے ان حالات کی بڑی اچھی عکاسی کی ہے کہ ـــ "اُردو تحفظات کے خانوں میں بٹ گئی۔ دانشورانِ اُردو زباں سب مزے میں ہیں ـــ" سچ پوچھیے تو "ادب برائے زندگی" اور "زندگی برائے ادب" کے نظریات اب بے جان اور فرسودہ ہو چکے ہیں چونکہ یہ خالص سیاسی دور ہے اور ہر شعبۂ حیات میں سیاست پوری طرح در آگئی ہے' اس لئے اب "ادب برائے سیاست" اور "سیاست برائے ادب" کہنا چاہیے جو موجودہ عصری تقاضوں کے عین مطابق ہے۔

انتقال حیدرآباد کے بعد سے اُردو زبان کا جو حشر اور حکومتوں کا سیاسی طریقۂ عمل چلا آرہا ہے وہ کوئی ڈھکی چھپی بات نہیں۔ عوام اچھی طرح سمجھ گئے ہیں کہ اُردو سے متعلق اُردو والوں ہی کو سب کچھ کرنا ہے، حکومت سوائے خوشنما وعدوں کے کچھ کرنے والی نہیں۔

ان نامساعد حالات میں جس قدر رفاہی خدمات اور تعمیری ٹھوس کام انجام پائے اور پارہے ہیں ان سے کوئی حقیقت بین اور ایمان دار آدمی تو انکار نہیں کرسکتا؛ صرف مخالفت برائے مخالفت کوئی معنی نہیں رکھتی۔ سب سے بڑا سانحہ یہ ہے کہ حیدرآبادی ذہن ہمیشہ یہی رہا کہ نہ خود کوئی کام کرتے نہ کسی کو کرنے دیتے۔ اگر کوئی ہمت کر کے میدان عمل میں آجائے تو اس کو دنیا بھر کے اعتراضات، الزامات،

تنقیدوں کا نشانہ بنایا جاتا ہے گویا ہم لوگ صرف اعتراض کرنا جانتے ہیں کام کرنا نہیں جانتے۔ حقیقتاً اور معاملوں کی طرح اس سلسلے میں بھی حیدرآباد بڑا بدنصیب شہر ہے۔

سچ کہا حضرت جوشؔ ملیح آبادی مرحوم نے کہ ـــــ "حیدرآباد شاعروں اور ادیبوں کا قبرستان ہے۔ یہاں کوئی شاعر اُبھر نہیں سکتا البتہ بڑے اہتمام سے دفنایا جاتا ہے۔ اس کو 'ادارہ تجہیز و تکفینِ شعراء و ادباء' کہنا اس لئے غلط نہیں کہ یہی خدمت یہاں شاندار پیمانہ پر ہوتی ہے۔

دنیاوی اعتبارات سے اس میں شاعروں اور ادیبوں کا بھی بڑا قصور ہے کہ باہر کے شاعروں اور ادیبوں کی طرح یہاں کے لوگ اکثر فارغ البال، موٹر نشین، گزیٹڈ پوسٹ نہیں ہوتے اور جب تک کوئی موٹر نشین نہ ہو معزز و معتبر نہیں ہو سکتا، اس مقولہ کے تحت کہ "شاعری در درویشی دوش بدوش می روند" شاعروں کے ساتھ ناداری مفلسی، خستہ حالی کا ایک مستقل تصور وابستہ ہے بلکہ میری ناقص رائے میں تو کسی کو نادار، مفلس، خستہ حال کہنے کی بجائے اتنا کہہ دینا کافی ہے کہ آپ شاعر ہیں ـــــ کس کو اتنی فرصت ہے کہ گہری نظر سے اس کا جائزہ لے کہ یہ دراصل طبیعت کا استغنا، شرافت نفسی، قناعت پسندی، خود داری و خود نگہداری جیسے انمول جوہرِ انسانیت کی پردہ داری ہے۔

خیر ان تلخ حقائق کے اظہار کا یہ مطلب نہیں کہ مجھے کسی سے پرخاش یا ذاتی اختلاف ہے یا کسی کو مطعون کرنا چاہتا ہوں۔ قطعاً ایسا نہیں بلکہ جہاں جہاں بھی خامیاں، کوتاہیاں ہیں، تنگ نظری اور غلط ذہنیت کارفرما ہے اس کی اصلاح کے لئے توجہ دلانا مقصد ہے۔ خدانخواستہ مجھے کسی سے ذاتی اختلاف نہیں۔ اختلاف نظریات یا اختلافِ خیال ہو سکتا ہے اور ہوتا رہتا ہے اس لئے غلط فہمی کا ازالہ ضروری ہے تاکہ شکوک و شبہات پیدا نہ ہوں۔

انتہائی خاموش زندگی گزارنے کے باوجود اُردو کے ایک چالیس سالہ ادبی خدمت گزار کی حیثیت سے میں نے عام بے راہ رویوں، ذہنی کدورتوں اور بے اعتدالیوں کے خلاف آواز اُٹھائی ہے، چاہے میری آواز "صدا بہ صحرا" ثابت ہو، مجھے اس کی پرواہ نہیں۔ کیونکہ پولیس ایکشن سے پہلے اور بعد کے "یادگار علمی ادبی ماحول" سے آج کے ماحول کا کوئی تقابل ہی نہیں ہے۔ یہ صورتِ حال بڑی مایوس کن ہے جس میں کم و بیش سبھی شریک ہیں۔ جب تک یہ اجارہ داری اور دھڑے بندیاں ختم نہ ہوں اس وقت تک ہونے والا کچھ نہیں۔

اس کا ایک افسوسناک پہلو یہ بھی ہے کہ ہماری اُردو صحافت بھی کھلا ذہن نہیں رکھتی جو عہد حاضر میں عوامی رابطہ ضبط کا بہت بڑا ذریعہ ہے۔ ع

خدا ہی حافظ ہے اب گلوں کا خراب حالت ہے گلستاں کی

آئیے اب اپنی اُفتادِ تقدیر کی طرف۔ آپ کو لے چلوں۔ میری پیدائش ۲۶ رذی الحجہ ۱۳۴۳ھ مطابق ۱۸ ر جولائی ۱۹۲۵ء م ۱۲ رشہریور ۱۳۳۴ف۔ کو متوسط گھرانے میں ہوئی جس کا پیشہ سپہ گری تھا اور عالمگیری فوج کے ساتھ آکر یہیں رس بس گیا۔ پیدائشی نام خواجہ حسین شریف ہے۔ عربی، فارسی، اُردو کی ابتدائی تعلیم گھر پر ہوئی۔ اس کے بعد مستعد پورہ مڈل اسکول، آصفیہ ہائی اسکول، سٹی کالج میں زیر تعلیم رہا۔ والد صاحب کے انتقال کے وقت، میری عمر تیرہ سال تھی۔ بمشکل تمام میٹرک تک سلسلۂ تعلیم جاری رہا۔ چونکہ ہمارے پاس ایک آدمی کا مرنا دراصل ایک، گھر کا مرنا ہوتا ہے، مجبوراً تعلیم کو خیرباد کہہ کے صرفِ خاص مبارک (نظام اسٹیٹ) میں ملازمت اختیار کرلینی پڑی۔ اور بدوران ملازمت مولانا حمید الدین صاحب قمر سنبھلی کے ادارہ علومِ شرقیہ اور ادارۂ فخریہ سے منشی، منشی فاضل کی تکمیل کی پہلے مولانا مفتی میر اشرف علی (نبیرہ حضرت شایق) کے آگے زانوئے ادب طے کیا۔ چار پانچ سال بعد حضرت صفی اورنگ آبادی کے حلقۂ تلامذہ میں شامل ہوا۔ حضرت صفی نے نہ صرف علم عروض پڑھایا بلکہ ہر طرح سنوارا۔ دوسرے معنوں میں والد صاحب کی سرپرستی میں جو کمی رہ گئی تھی اس کی حتی المقدور تلافی کی۔ یہ وہ دَور ہے جبکہ حیدرآباد مشاعروں کا شہر ہی نہیں بلکہ بہت بڑا علمی ادبی مرکز بھی تھا جس میں شعرائے جامعہ عثمانیہ کے علاوہ مشاہیر حضرات میں ضامن کنتوری، حبیب کنتوری، نواب تراب یار جنگ سعید، نواب شہید یار جنگ، نواب نثار یار جنگ مزاج، غلام دستگیر ابر، سید حیدر پاشا، علامہ ناصر زیدپوری، برزم آفندی، نجم آفندی، فصاحت جنگ جلیل، اجلال لکھنوی، ابوثاقب انجم، علی اختر، صفی اورنگ آبادی، مفتی میر اشرف علی، نواب ضیا یار جنگ، احمد علی شاب، امجد حیدرآبادی، علی منظور، محمد علی سردر، مولانا کامل شطاری، ڈاکٹر سید محی الدین قادری زور، پروفیسر باقی، حکیم آشفتہ لکھنوی، پروفیسر سروری، قدر عریضی، تاج قادری، تاج قریشی، نرہر راج ساقی، ست گرو پرشاد رہبر، نرسنگ راج عالی، ڈاکٹر سکینہ الہام، کنول پرشاد حسرت تسندی، عبدالمقتدر خاں ناظم، حافظ ابونعیم عیش، راجہ کرن، پنڈت ذکی، جذب عالم پوری حسن علی شیوجی فغاں، ہرمز حیدرآبادی، صاحبزادہ میکش، صمد رضوی ساز، نظر حیدرآبادی،

مخدوم محی الدین، شاہد صدیقی، علامہ حیرت بدایونی، حیدر علی صفا، عبدالقادر خسرو، قمر ساحری، خورشید احمد جامی، سعید شہیدی، مولانا معز الدین قادری الملتانی، اوج یعقوبی، سلیمان اریب، بہادر علی جوہر، عبدالحمید خاں خیالی، غلام علی قادری تھے۔ (ممکن ہے کچھ نام چھوٹ گئے ہوں تو یہ یادداشت کی ہی فروگزاشت ہو سکتی ہے)۔ ان میں اب زیادہ سے زیادہ آٹھ دس حضرات (بشمول راقم الحروف) بقید حیات ہیں۔ حال ہی میں جناب اوج یعقوبی بھی مرحوم ہو گئے جن سے میری قریبی روابط تقریباً تیس بتیس سال کے تھے۔ خورشید احمد جامی مرحوم سے بھی میرے مراسم بہت دیرینہ تھے —— خدا مغفرت کرے۔ کئی مشاعرے ایک ساتھ پڑھے، برسوں ایک دوسرے کے شریک حال رہے۔ اس زمانے میں طرحی مشاعروں کا چلن عام تھا۔ صرف آل انڈیا مشاعرے غیر طرحی ہوتے تھے۔ جن محفلوں میں ہم لوگ اکثر شریک رہے اور شعر سناتے رہے ان میں بزم مہاراجہ کشن پرشاد، بزم ضامن کنتوری، مولانا کامل شطاری کی محفل، بزم زعم، بزم حیدر پاشا، محترم خواجہ نواب نیازی، ادبستان صفی اور کئی محفلیں تھیں جو نقش و نگار طاق نسیاں ہو گئیں۔ ان کے علاوہ خاص خاص مشاعرے اور محفلیں الگ ہوتی تھیں۔ الحاصل یہ دور خالص علمی ادبی ہونے کے علاوہ انتہائی خلوص و یکجہتی، بھائی چارگی، رواداری، انسانی شرافت کا دور تھا، جو ختم ہو چکا۔ رہے نام اللہ کا۔

اپنی بعض کوتاہیوں کا مجھے کھلا اعتراف ہے کہ میں کسی وقت بھی پیشہ ور یا مشاعرہ باز شاعر نہ بن سکا۔ کم آمیزی و کم نمائی، خاموش طبیعت کا خاصہ رہی۔ شہرت کے پیچھے دوڑنا نہ آیا۔ خوشامد اور چاپلوسی میرے بس کا روگ نہیں۔ خانہ بندیوں سے مزاج ہمیشہ متنفر رہا۔ یہی وجہ ہے کہ ہر گروہ سے میرا ربط ضبط ہونے کے باوصف میں کسی گروہ کا ہو کر نہ رہ سکا۔ حتیٰ کہ صفی اسکول (جس کو خواجہ میر درد اور داغ دہلوی دو سلسلوں کی یادگار کہنا چاہیے) میں رہ کر بھی میں نے اپنے آپ کو بڑی حد تک الگ تھلگ ہی رکھا۔

طبیعت کا میلان ابتدا ہی سے غزل کی طرف رہا۔ نعت و منقبت سلام میں بھی بقدر بساط کچھ خامہ فرسائی کی ہے جس کی اشاعت علیحدہ عمل میں لانے کا خیال ہے۔ کچھ نظمیں اس مجموعہ میں شامل ہیں۔ کچھ قطعات و رباعیات، ہم دست نہیں ہوئے۔ اور کچھ پرانی غزلیں بھی اس میں شامل نہ ہو سکیں۔ انشاءاللہ بشرط زندگی دوسرے مجموعہ میں شریک کی جائیں گی ـــ یار زندہ صحبت باقی۔

آخر میں ان تمام حضرات (حیدرآباد، دہلی، پاکستان کے نامور اور سربرآوردہ ادباء و شعراء) کا

مرہونِ منت ہوں جنھوں نے (رسا دنیز "جشن خواجہ شوق" کے لئے اپنے پیامات، مقالے، مضامین کے ذریعہ) میری حوصلہ افزائی فرمائی۔ کارکنان ادارہ تنظیمِ اُردو، اُردو اکیڈیمی اور صحافت کے بھی ہمہ جہتی تعاون کا تہہ دل سے شکر گزار ہوں۔

آخر میں بات ختم کرنے سے پہلے اتنا ضروری سمجھتا ہوں کہ بدنصیبی سے آج کل **باقاعدہ** گانے اور گلا پھاڑنے کو شاعری سمجھا جا رہا ہے، جیسے شاعر ویسے سامعین یا جیسے سامعین ویسے شاعر ہو گئے ہیں۔ اس عام مذاق سے اگر آپ دیکھنا چاہیں تو یہ کتاب آپ کو مطمئن نہ کر سکے گی۔ ہاں سنجیدہ فکر و نظر اور ماورائے سخن بھی ہے اک بات **والے** ذہن سے پڑھنے کی **زحمت** گوارا فرمائیں تو انشاءاللہ مایوس نہیں ہوں گے۔

اس مجموعۂ کلام کی اشاعت میں بھی جتنے کرم فرماؤں نے مجھے ہر طرح اپنا تعاون دیا، ان سب حضرات کا فرداً فرداً احسان مند ہوں۔ اور جن حضرات کو فی سبیل اللہ ذہنی تکلیف پہنچی ان سے معذرت خواہ ہوں۔

جنوری سنہ ۱۹۸۴ء		**خواجہ شوق**

اُردو کے نام پر تو بہت کچھ ہوا مگر
یہ تو بتائیے کہ خود اُردو کا کیا ہوا

رُباعی

(۱)

دانائی پہ یا علم پہ مغرور رہا
نادان بشر پھر بھی بدستور رہا
مخلوق برابر نہ سمجھ میں آئی
خالق کا سمجھنا تو بہت دور رہا

رُباعی

(۲)

یہ عقل و جنوں کا بھی عجب جھگڑا ہے
یہ راہ الگ ہے وہ الگ رستہ ہے
دل کے لئے سمتوں کا تعین کیسا
کعبہ میں جدھر سجدہ کرو قبلہ ہے

۱۶

لَآ اِلٰــہَ اِلَّا اللّٰہ

جمالِ شاہِ اُمَم لَآ اِلٰــہَ اِلَّا اللّٰہ زفرق تا بہ قَدم لَآ اِلٰــہَ اِلَّا اللّٰہ
پتہ کچھ اور ہی چلتا ہے مَن رَاٰنِی سے اَنا بَشر میں ہیں ہم لَآ اِلٰــہَ اِلَّا اللّٰہ
بغیرِ ذات، ظہورِ صفات ناممکن وہ ہیں بہ شانِ اُتم لَآ اِلٰــہَ اِلَّا اللّٰہ
خُدا کے نُور سے وہ، ان کے نُور سے سب کچھ کہاں کے لوح و قلم لَآ اِلٰــہَ اِلَّا اللّٰہ
شہود کس کو کہیں اور غیب کس کو کہیں یہاں تو سب ہیں بہم لَآ اِلٰــہَ اِلَّا اللّٰہ
وہ اپنے آپ مقابل ہیں محفلِ کُن میں کمالِ نورِ قِدم لَآ اِلٰــہَ اِلَّا اللّٰہ
عجب ہے شان، مشیت مزاج جلووں کی سب اُن کے جلووں میں ضم لَآ اِلٰــہَ اِلَّا اللّٰہ
زباں بن نہیں سکتی نظر کی کیفیت تجلّیاتِ حَرَم لَآ اِلٰــہَ اِلَّا اللّٰہ

جلے جو دامنِ دلِ شوقؔ شعلۂ غم سے
کہو بہ دیدۂ نم لَآ اِلٰــہَ اِلَّا اللّٰہ

۱۷

نعت سرورِ کائناتؐ

کون و مکاں کی اتنی ہی کُل کائنات ہے
نورِ نبیؐ نہ ہو تو نہ دن ہے نہ رات ہے

جَلوہ نُما بہ شانِ بَشر، عینِ ذات ہے
خود کائنات ساز ہے خود کائنات ہے

ایک سُنّتِ رسولؐ بھی اب تک نہ مر سکی
کیسی وفات یہ تو مُسَلسَل حیات ہے

ممکن نہیں کتابوں سے عرفانِ مصطفیٰؐ
فیضان اور بات ہے علم اور بات ہے

دو چار مُعجزے ہوں تو مانے بشر کوئی
پُوری حیات، سلسلۂ مُعجزات ہے

مَحدود اُن کی شان کہاں ہے صفات میں
جو بھی ادا ہے اک نظرِ التفات ہے

کِس پر کُھلی حقیقتِ نورِ محمدیؐ
جتنی نظر ہے جسکی بس اُتنی ہی بات ہے

مثلِ بشر کو دیکھ کے سمجھا نہ جا سکا
وہ کیا سمجھ میں آئے جو نادیدہ ذات ہے

دن رات مِل رہی ہیں دو عالم کو نعمتیں
اللہ دے رہا ہے محمدؐ کا ہاتھ ہے

خالق بھی ان کے ساتھ ہے خلقت بھی انکے ساتھ
باقی بچا ہی کیا ہے جو بہرِ نجات ہے

ثابت ہوا اَنَا بَشَرٌ مِّثلُکُم سے شوق
پردے سے باہر آکے بھی پردے میں ذات ہے

۱۸

چاک، دل میں ہے سلامت ہے گریباں میرا
کون سمجھے گا الٰہی غمِ پنہاں میرا

پہلے یہ تھا کہ غم اُن کا، دل ویراں میرا
اب میں اپنا ہوں نہ دل ہے کسی عنواں میرا

تنگ دامن ہوں مگر دامنِ دل تنگ نہیں
ہے میری حوصلہ مندی سر و ساماں میرا

آج ذرّاتِ چمن بھی نہیں واقف مجھ سے
تھا کبھی نام گلستاں بہ گلستاں میرا

ہر نفس نغمۂ بے تابیٔ غم جاری ہے
چھیڑے جاتا ہے کوئی سازِ رگِ جاں میرا

رخصت اے صحبتِ میخانہ پھر آجاؤں گا
راستہ دیکھتی ہے گردشِ دوراں میرا

قید ہوں اپنے خیالات کی زنجیروں میں
بن گیا ہے میرا احساس ہی زنداں میرا

اپنی بے نام اداؤں کو بچائے رکھیے
یہ نہ بن جائیں کہیں حالِ پریشاں میرا

دل کی دشوار پسندی کو دُعا دیتا ہوں
کام مشکل سے ہوا کرتا ہے آساں میرا

میرے افکار کی خوشبو ہے کئی پھولوں میں
ہر گلستاں نظر آتا ہے گلستاں میرا

پاسِ آدابِ محبت مجھے شوقؔ اتنا ہے
چاک ہونے نہیں پاتا ہے گریباں میرا

(طرحی مشاعرہ بسلسلۂ غالب صدی تقاریب)

۱۹

○

گدازِ عشق جہاں کروٹیں بدلتا ہے
حیات، درد میں، درد آنسوؤں میں ڈھلتا ہے

بدلنے دو جو زمانہ نظر بدلتا ہے
ہمارا کام تو اس کے کرم سے چلتا ہے

کسی مقام پہ تکمیلِ غم نہیں ہوتی
ہر اک مقام پہ معیارِ غم بدلتا ہے

مصیبتوں کا اثر کیا ہو حق پرستوں پر
چراغ اہلِ نظر آندھیوں میں جلتا ہے

الگ ہے نظمِ جہاں سے نظامِ میخانہ
ہمیشہ رات میں سورج یہاں نکلتا ہے

نہ قیدِ اہلِ خرد ہے نہ شرطِ اہلِ جنوں
تیری نظر ہے وہ جادو جو سب پہ چلتا ہے

وصال و ہجر میں دُنیا بدل نہیں جاتی
نظر کے ساتھ مذاقِ نظر بدلتا ہے

بُھلا کے ہم جنھیں یک گونہ چین پاتے ہیں
کبھی کبھی اُنھی باتوں سے جی بہلتا ہے

دلیلِ زندہ دلی ہے شکستگیِ دل کی
خلوصِ دردِ وفا آنسوؤں میں پلتا ہے

سنبھالتا ہے میری لغزشوں پہ شوقؔ مجھے
کوئی تو ہے جو میرے ساتھ ساتھ چلتا ہے

۲۰

ان کے اندازِ کرم خاص ہُوا کرتے ہیں دل بڑھانا ہو تو دل توڑ دیا کرتے ہیں

آرزوؤں کے بھی کیا کھیل ہوا کرتے ہیں نقش بنتے ہیں اُبھرتے ہیں مٹا کرتے ہیں

اُن کا منشا ہے جسے وقت کہا کرتے ہیں ورنہ حالات بھی انسان کو کیا کرتے ہیں

ساتھ کب تک کوئی دیتا ہے ہجومِ غم میں دوست کیا ہم سے اب آنسو بھی رُکا کرتے ہیں

زینتِ جیب و گریباں ہیں نہ زیبِ کاکُل ہم ہیں وہ پھول جو بے فصل کھِلا کرتے ہیں

ہوش کی سانس بھی کھُل کر نہیں لی جا سکتی لوگ کیا جان کے جینے کی دُعا کرتے ہیں

آپ کے شہر کی تہذیب نرالی دیکھی ملنے والوں کو سب آپس میں جُدا کرتے ہیں

وقت پڑنے پہ ہر اک آدمی کھُل جاتا ہے آزمائش کے مقامات ہُوا کرتے ہیں

مہرباں ان کو سمجھتا ہے زمانہ سارا اس سلیقے سے وہ ہر ظُلم کیا کرتے ہیں

کسی آئین کی پابند نہیں دین ان کی چاہتے ہیں تو خطاؤں پہ عطا کرتے ہیں

۲۱

اتفاقاً بھی ملیں وہ تو غنیمت جانو ایسے موقعے کبھی قسمت سے مِلا کرتے ہیں

وہ نظر کیا جو مقامات کی پابند رہے آنکھ وہ جس سے مقامات بنا کرتے ہیں

ہے وفا، پیشۂ بے چارگی و کمزوری کچھ بھی جو کر نہیں سکتے وہ وفا کرتے ہیں

شوقؔ آنسو ہی زبانِ غم و آلام نہیں
کچھ تبسّم بھی یہ مفہوم ادا کرتے ہیں

(طرحی مشاعرہ ملک میٹھ بمکان محترم حافظ حکیم محمود الرحمٰن خاں صاحب مرحوم)

صبحدم کون گیا سوئے گلستاں ہو کر
بوئے گل ڈھونڈنے نکلی ہے پریشاں ہو کر
آزمائش سے محبت کا مزہ بڑھتا ہے
مجھ کو نادم نہ کریں آپ پشیماں ہو کر

۲۲

مہکائے تو کیا فصلِ گُل ایک ایک چمن پھول
لائے ہیں نہ لائیں گے وہ خوشبوئے بدن پھول

کیا دُور کریں گے مری نظروں کی تھکن پھول
مقصودِ نظر کوئی ہے موضوعِ سخن پھول

یاد آتے ہیں پھولوں میں وہ تُلنے کے زمانے
ہیں کتنی مہکتی ہوئی یادوں کا کفن پھول

برسوں تہی دستِ انجمنِ گُل سے اُٹھا ہوں
سینے میں چھپائے کئی دشت و چمن پھول

کم بھی ہے گراں بھی ہے بہت عُمرِ تبسم
جینا ہے تو اے غنچۂ لب بستہ نہ بن پھول

اب غم کی کڑی دھوپ ہیں سایۂ گُل ہے
وہ وقت گیا رہتے تھے جب سایہ فگن پھول

اب نکہتِ گُل کیا خبرِ گُل نہیں آتی
چھوٹا ہے چمن جب سے بنے دل کی جلن پھول

چھپتی نہیں ہنسنے سے جراحت کبھی دل کی
مجبوریٔ فطرت کی زباں ہیں ہمہ تن پھول

خورشید کی کرنوں سے وہ عالم ہے گُلوں کا
عارض کے دمکنے سے چمکتے ہیں کرن پھول

دیوانوں کو انجام کی پروا نہیں ہوتی
چھوڑا نہیں کرتے کبھی ہنسنے کا چلن پھول

۲۳

دونوں بھی برابر ہیں بہاروں کی نظر میں   یک دشتِ خس و خار ہوں یا ایک چمن پھول

جب بولنے لگتی ہے ستاروں کی خموشی   خوشبو کی طرح دیتے ہیں اک زخم چبھن پھول

اس بولتے پیکر پہ ہے خود حُسن بھی نازاں   لب پھول، نظر پھول، ادا پھول، بدن پھول

یہ کس شہِ خوباں کا قدم گاہ ہے اے شوقؔ
ہر روز اُترتے ہیں یہاں سے کئی مَن پھول

(طرحی مشاعرہ سالانہ ۱۹۶۲ء، جنتا پینٹنگ ہاؤز بادشاہی عاشور خانہ حیدرآباد)

آزارِ اسیری سے بڑھ کر ہے اذیت میں
وہ وقت جو لگتا ہے زنجیر بدلنے تک

زندوں کے ناشناس، پرستار لاش کے
اکثر دکھائی دیتے ہیں لوگ اس قماش کے

۲۴

○

مسافت زندگی اور حادثوں میں اتنی مُبہَم ہے
خوشی کہتے ہیں جس کو اک ذرا سا وَقفۂ غم ہے
بہارِ حُسن پنہاں ہے، جنُوں تحریک عالم ہے
جہاں ہم ہیں وہاں گنجائشِ فکر و نظر کم ہے
نگاہِ وقت میں دونوں بھی شانیں پائی جاتی ہیں
کہیں زخمِ جگر ہے اور کہیں زخموں کا مرہم ہے
مذاقِ عام سے کیا مُطمئن ہوں گے نظر والے
شعورِ شادمانی تک نہیں ہے غم تو پھر غم ہے
مچاتے ہیں تباہی پہلے پھر تسکین دیتے ہیں
مُسلسل ہم پہ احساں گلُستاں والوں کا کیا کم ہے
وہی دل کا لہو ہے اشک کہئیے یا ہنسی کہئیے
بھڑک اُٹھے تو شعلہ، نرم پڑ جائے تو شبنم ہے

۲۵

بقیدِ ہوش تو وہ ہیں رگِ جاں کے قریں لیکن
طلب حدِ جنوں میں ہو تو یہ بھی فاصلہ کم ہے

چُھپا لیتی ہے خوش پوشی بھی کیا کیا زخم دامن میں
صدائے خندۂ گُل ایک فریادِ منظّم ہے

مزاجِ دہر کیا، اُن کی نظر کو دیکھ کر چُپ ہوں
مجھے معلوم ہے حالات میں جتنا بھی دَم خَم ہے

پیامِ دوست سُننے گوش بر آواز رہتا ہوں
دھڑکتا دل نہیں پہلو میں جیتا جاگتا غم ہے

وہ کیسے لوگ ہیں یارب جو مَر کر بھی نہیں مَرتے
یہاں تو زندگی میں زندگی کا شائبہ کم ہے

عجب عالم ہے شوقؔ احساسِ غم کی پاسداری کا
بظاہر خشک ہیں آنکھیں مگر دامانِ دل نم ہے

(طرحی مشاعرہ ۱۹۵۳ء۔ کاغذی گوڑہ)

۲۶

تذکرے عشق کے خاموش فغاں تک پہنچے
دیکھتے دیکھتے حالات کہاں تک پہنچے

جانے کب ان کی نظر دردِ نہاں تک پہنچے
دل میں ڈوبے تھے جو نشتر رگِ جاں تک پہنچے

وقت نے کر دیئے کچھ فاصلے اتنے پیدا
پیار کے گیت بھی مشکل سے زباں تک پہنچے

وہ تو ہونے کو رگِ جاں سے قریں ہیں لیکن
آدمی پہلے مقامِ رگِ جاں تک پہنچے

ہم تو بیگانۂ منزل ہیں ہمارا کیا ہے
جن کی نظروں میں تھی منزل وہ کہاں تک پہنچے

عام کیا ہو سکیں باتیں تیرے دیوانوں کی
کون پہنچے ہوئے لوگوں کی زباں تک پہنچے

اک تصور سے تیرے روشنی مل جاتی ہے
ورنہ اب غم کے اندھیرے دل و جاں تک پہنچے

سب میرے حالِ پریشاں پہ نظر رکھتے ہیں
دیکھتا کون ہے حالات کہاں تک پہنچے

زندگی کتنی ہے خوشیوں کی گلوں سے پوچھو
اک تبسم میں بہاروں سے خزاں تک پہنچے

تیرے تیور سے بھی تجھ تک ہے پہنچنا مشکل
کیا ہوا لوگ جو نظروں کی زباں تک پہنچے

شوقؔ یوں ہی نہیں وحشت ہمیں آپ اپنے سے
مرحلے طے ہوئے کتنے تو یہاں تک پہنچے

(طرحی مشاعرہ بزمِ صفیؔ، پنچ محلّہ)

۲۷

کیوں نہ ہو ہستیٔ بشر پردہ کوئی پردہ نشیں ہے در پردہ
اس کو بے پردہ کوئی کیا دیکھے جس کا جلوہ ہی سر بہ سر پردہ
پہلے نظروں کو جلوہ ساز بنا خود ہی جلوہ بنے گا ہر پردہ
وہ ہیں پردے میں تو یہ عالم ہے کیا نہ ہوگا، نہ ہو اگر پردہ
سامنے تم رہو تو کیا دیکھوں جلوہ پردہ ہے یا نظر پردہ
جو ہیں پردے پہ وہ تو ظاہر ہیں کم نہیں وہ بھی جو ہیں در پردہ
اتنے پردے نہ ڈال چہرے پر ہو کے رہ جائے بے اثر پردہ
زندگی بے لباس تھی شاید بن گئی خاکِ رہ گزر پردہ
آج تک دُور کی صدا ہو تم دل میں رہ کر بھی اس قدر پردہ
سب تماشے ہیں ایک پردے پر ہے خدا جانے کون در پردہ
آپ ہم روح و جسم جیسے ہیں عُمر بھر ساتھ عُمر بھر پردہ
ہیں زبانوں پہ امن کی باتیں سازشیں چل رہی ہیں در پردہ

ان کا دیدار شوقؔ مشکل ہے
بن گئی ہے مری نظر پردہ

۲۸

جہاں کچھ حادثے حالات بن کر سامنے آئے
وہیں کچھ لوگ بھی منظر بہ منظر سامنے آئے

نظر سے بھی حسیں "بعض ایسے پیکر" سامنے آئے
قریب آکر چھپے اور دُور جاکر سامنے آئے

وہی چہرے اندھیرا ہو تو پہچانے نہیں جاتے
نقابِ رہبری اُوڑھے جو اکثر سامنے آئے

تسلسل ہی کہاں ٹوٹا ہماری آزمائش کا
ہٹے رستے کے کچھ کانٹے تو پتھر سامنے آئے

چھپا لینا پڑا آئینوں کی صورت دل کے زخموں کو
بنامِ وقت، جب دُنیا کے تیور سامنے آئے

کئی ذہنِ رسا پردے کے پیچھے کام کرتے ہیں
وہی قاتل نہیں جو لے کے خنجر سامنے آئے

بدلتے موسموں جیسے ہیں اپنے ملنے والے بھی
جب آئے اک نیا پیغام لے کر سامنے آئے

میری خاموشیاں اکثر بہت مہنگی پڑیں مجھ کو
مگر کیا کہیے کیا کیا لوگ کھُل کر سامنے آئے

غموں سے تھک کے میخانے میں دم لینے کو آئے تھے
اُٹھایا جام تو آنکھوں کے ساغر سامنے آئے

گرفتاری کہیں اچھی تھی یارب اس رہائی سے
تصور بھی نہ تھا جن کا وہ منظر سامنے آئے

میرا رستہ بدلنا غم کو پی جانے کی کوشش تھی
مگر کیا بات ہے کیوں آپ اکثر سامنے آئے

یہ دُنیا کس کے ساتھ آئی جو اپنے ساتھ آئے گی
تھے جتنے شوق اندیشے برابر سامنے آئے

۲۹

ابھی ہوئے نہ تھے ساغر بدست مستانے
ہماری تشنہ لبی پی چکی تھی میخانے

حقیقتاً تجھے سمجھا کہاں ہے دنیا نے
نگاہِ عقل جہاں تک وہاں تک افسانے

بھلائے بیٹھے ہیں دونوں جہاں کے افسانے
تیری نگاہ نے کیا کر دیا خدا جانے

حریمِ دل نہیں، دیر و حرم کے کاشانے
کہاں مقامِ حقیقت کہاں یہ افسانے

خبر کہاں ہے زمانے کو تیرے مستوں کی
لٹا دیئے ہیں بنا کر ہزار میخانے

ہزار وسعتِ فکر و نظر سے کیا حاصل
جب آدمی کو یہاں آدمی نہ پہچانے

کہاں ہے اے غمِ جاناں ذرا صدا دینا
کہ زندگی میں ہیں ہم زندگی سے بیگانے

کوئی مقام سماتا نہیں نگاہوں میں
ترا خیال کہاں لے چلا خدا جانے

نگاہِ شوق کو پابندِ امتیاز نہ کر
ہزار جلوہ در آغوش ہیں صنم خانے

زبان دے نہ سکی جس کو فکرِ انسانی
وہ اک شعورِ مکمل ہیں تیرے دیوانے

نئی بہار بھی تاریخ ساز ہے کتنی
اُجڑ رہے ہیں چمن، سج رہے ہیں ویرانے

میرے خلوص سے ہر فایدہ اُٹھایا ہے
بڑے سلیقے سے پامال کر کے دنیا نے

بغیر سوز کشش حسن میں نہیں ہوتی
چراغِ کشتہ پہ گرتے نہیں ہیں پروانے

کسی کے حسن سے بھی مطمئن نہیں ہوتی
نگاہِ شوق کو کیا ہو گیا خدا جانے

۳۰

ملنے کی طرح ہم سے وہ اب تک کہاں ملے
کم کم ملے کشیدہ ملے، بدگماں سے ملے

اے کاش زندگی کو وہ جذبِ نہاں ملے
دیکھے مجھے کوئی تو تمہارا نشاں ملے

کس حوصلے سے ہم نے بسر کی ہے زندگی
طوفاں سے بھی ملے تو بعزمِ جواں ملے

نبضِ چمن پہ بعد میں رکھیں گے اُنگلیاں
پہلے ترا مزاج تو اے باغباں ملے

پابند منزلوں کی نہیں میری جستجو
منزل تو بس وہی ہے مری تُو جہاں ملے

راحت کی سانس رہزنِ ذوقِ سفر ہوئی
لمحے مسرتوں کے غموں سے گراں ملے

جب صُحبتِ چمن سے ہی دل اپنا بجھ گیا
کرنا ہے کیا، بہار ملے یا خزاں ملے

کیا جانے کیوں کسی سے دل اپنا نہ مل سکا
ملنے کے واسطے تو کئی مہرباں ملے

دریا لہو کا شہر کی گلیوں میں تھا رواں
اخبار میں لکھے ہوئے امن و اماں ملے

وہ پیش پیش تھے جنھیں ہوشِ سفر نہ تھا
جو منزل آشنا تھے پسِ کارواں ملے

ہر غم سے مستقل ہے تعلق حیات کا
دیکھیں کہاں سے سلسلۂ داستاں ملے

پھولوں کو لب کشائی کا حق ہے چمن میں شوق
زخموں کو کم سے کم کبھی اِذنِ بیاں ملے

۳۱

فکرِ گلچیں ہے نہ اندیشۂ پامالی ہے زندگی اپنی بھی صحرا کی طرح خالی ہے

ایسے انداز چمن والوں نے اپنائے ہیں لوٹ سی لوٹ ہے رکھوالی سی رکھوالی ہے

کچھ نہ ہونا بھی جہاں میں ہے بہت کچھ ہونا خستہ حالی میری سرمایۂ خوشحالی ہے

آنچ عارض کی جو دیکھے تو دھنک سانس نہ لے نازکی ایسی کہ پھولوں سے لدی ڈالی ہے

ہوشمندانہ مذمت میں بھی لطف آتا ہے کسی ناداں کی تعریف خود اک گالی ہے

اک نئے ذہن سے آتا ہے ہر آنے والا جو بھی محفل سے اُٹھا اُس کی جگہ خالی ہے

آپ بدلے ہوئے حالات سے مایوس نہ ہوں خونِ دل سے ابھی چہروں پہ بہت لالی ہے

اب تیری بزم میں کیا کام ہمارا ساقی ناشناسوں نے تیرے دل میں جگہ پالی ہے

باز آئیں گے وہ کیا ذوقِ ستم کوشی سے جبر سہنے کی ہمیں نے تو بنا ڈالی ہے

زندگی شوق بَلا بن کے مجھے لپٹی تھی

موت نے آ کے میرے سر سے بَلا ٹالی ہے

۳۲

اک ٹیس بہ مشکل تھم تھم کر اشکوں کی زباں تک پہنچی ہے
معلوم نہیں بربادیٔ دل پہنچی تو کہاں تک پہنچی ہے

بے تابیٔ غم بڑھتے بڑھتے کیا زخمِ نہاں تک پہنچی ہے
ہر درد نظر میں ابھرا ہے، ہر سانس فغاں تک پہنچی ہے

کتنے تو فریبِ منزل میں احساسِ طلب تک کھو بیٹھے
حالانکہ ابھی دنیائے نظر، منزل کے نشاں تک پہنچی ہے

کیا چارۂ دردِ محرومی، آنے کو ہزار آ جائے ہنسی
یہ چوٹ ذرا سی چوٹ سہی پھر بھی دل و جاں تک پہنچی ہے

حالات سے کچھ ہٹ کر بھی کبھی حالات سمجھنے پڑتے ہیں
لیکن یہ متاعِ دور رسی، کچھ دیدہ وراں تک پہنچی ہے

۳۲

کتنے ہی غموں کو دُنیا نے دے دی ہے زباں افسانوں کی

بربادیٔ اہلِ دل لیکن کب شرح و بیاں تک پہنچی ہے

اب تک ہے فغانِ نیم شبیٔ محرومِ اثر تو رہنے دو

کیا کم ہے یہی، آوازِ شکستِ دل تو وہاں تک پہنچی ہے

ممکن ہے کہ شوقؔ اب وہ خود بھی تسکینِ تمنا دے نہ سکیں

پردے میں ہنسی کے پوشیدہ فریاد یہاں تک پہنچی ہے

خود اپنے آپ سے بھی ہو چلی ہے وحشت سی

کہیں کہیں سے جو دنیا سمجھ میں آتی ہے

مرے مزاج میں تلخی یہی نہیں آئی

بہت قریب سے دیکھا ہے میں نے دنیا کو

۳۴

○

غمِ زمانہ سے کوئی کہہ دے کہ جب کبھی چشمِ تر سے گزرے
یہاں سنورتے ہیں اُن کے جلوے سنبھل کے اس رہ گزر سے گزرے

اُنہی دلوں کی حرارتوں سے جہاں کی سرگرمیاں ہیں جاری
جو قیدِ شام و سحر میں رہ کر بھی قیدِ شام و سحر سے گزرے

نہ حُسن کا اہتمام کوئی نہ قیدِ وقت و مقام کوئی
وہاں رہیں مدّتوں بہاریں جہاں وہ ٹھہرے جدھر سے گزرے

نشاطِ ناکامیٔ مسلسل، ملالِ غم ہائے نامکمل
کشاکشِ زندگی سلامت یہ مرحلے بھی نظر سے گزرے

لطافتوں سے قریب ہو کر کچھ ایسا محسوس ہو چلا ہے
اب اس کے آگے نگاہ شاید تجلیوں کے اثر سے گزرے

۳۵

بہار نیرنگی طلب ہے تلاشِ پیہم کے دم قدم تک
ہو سنگِ رہ جس میں خود ہی منزل ہم ایسے ذوقِ سفر سے گزرے
ہوا میں خوشبو ہے بھینی بھینی فضا میں مستی ہے ہلکی ہلکی
رَوِش رَوِش سے ہے آشکارا ابھی ابھی وہ اِدھر سے گزرے
سمجھ میں جلووں کی شان آئی نہ کوئی اندازِ حُسن آیا
کبھی کبھی کچھ عجیب عالم میں وہ ہماری نظر سے گزرے
نشانِ منزل کا ذکر ہی کیا نقوشِ رَہ تک مِٹے مِٹے ہیں
خبر نہیں کتنے کاروانِ حیات اس رہ گزر سے گزرے
کسی کی پُر لطف صحبتوں کے نقوش دل پر ہیں شوق اب تک
وہ یادگارِ حیات لمحے اگرچہ کچھ مختصر سے گزرے

٣٦

جبر کی اس آخری حد پر بھی جی لیتے ہیں لوگ
دیکھتے سب کچھ ہیں لیکن ہونٹ سی لیتے ہیں لوگ

دل کی حالت کا پتہ چہروں سے تک چلتا نہیں
کس سلیقے سے غموں کا زہر پی لیتے ہیں لوگ

ایک لمحے کی مسرت عمر بھر کے درد و غم
جو بھی مل جائے بنامِ زندگی، لیتے ہیں لوگ

جب غلط ہاتھوں میں آجاتا ہے نظمِ میکدہ
جام و مینا سے پیامِ تشنگی لیتے ہیں لوگ

قتل گاہوں سے بدلتی ہیں جہاں آبادیاں
بے تکلف کیوں تمہارا نام ہی لیتے ہیں لوگ

خوش لباسی میں بھی ذہنی مفلسی چھپتی نہیں
کچھ نہیں ہوتے مگر کیا شان کی لیتے ہیں لوگ

کچھ مکاں بھی جل رہے ہیں کچھ چراغِ درد بھی
دیکھنا یہ ہے کہ کن سے روشنی لیتے ہیں لوگ

علم و دانش کے اجالے تیز ہیں تو کیا ہوا
اب بھی دیوانوں سے درسِ آگہی لیتے ہیں لوگ

شوق ایسا ذہن پیدا کر دیا حالات نے
بات چاہے کچھ بھی ہو معنے کئی لیتے ہیں لوگ

۳۷

○

اے ذوقِ نظر پہلے وہ بات تو کر پیدا ہر جلوۂ پنہاں ہو، تا حدِ نظر پیدا
ہستی کا تغیّر ہے یوں شام و سحر پیدا نغمات بہ لب رقصاں، نشتر بہ جگر پیدا
تنظیمِ گلستاں میں دونوں کا بھی حصّہ ہے کانٹے ہوں کہ گُل بُوٹے، ہوتے ہیں مگر پیدا
چلنا ہے تو کیا شکوہ دشواریٔ منزل کا اک راہگزر پنہاں، سو راہگزر پیدا
ہر دَورِ کشاکش سے انسان گزرتا ہے برسوں میں کہیں جا کر ہوتی ہے نظر پیدا
دیکھیں گے حوادث میں کتنی ہے سکت آخر ہمّت ہے تو کیا غم ہے کر لیں گے جگر پیدا
پیدائی و پنہانی کچھ یہ بھی ہیں دھوکے سے اے باخبری کر لے دنیائے دِگر پیدا
جو سامنے رہ کر بھی نظروں میں نہیں بھرتے اکثر اُنہی جلووں سے ہوتی ہے نظر پیدا
نرمی سے ہواؤں کی دلِ شوقؔ سُلگتا ہے
ہوتے ہیں ہواؤں سے پھولوں میں شرر پیدا

۳۸

سایۂ گُل میں ذرا ہم جو کھڑے ہوتے ہیں — شاخِ مژگاں سے کئی پھول جھڑے ہوتے ہیں

جب کبھی وقت کے انداز کڑے ہوتے ہیں — نکہتِ گُل سے بھی طوفان کھڑے ہوتے ہیں

دِل کشی دُور سے دیکھا نہ کرو چہروں کی — کتنے پردے ہیں جو چہروں پہ پڑے ہوتے ہیں

زخمِ اخلاص، زمانے کو دکھانے کے نہیں — یہ وہ الماس ہیں جو دل میں جُڑے ہوتے ہیں

اپنی کوتاہیٔ قامت کو بلندی دینے — لوگ مُردوں کے بھی کاندھوں پہ کھڑے ہوتے ہیں

خستہ حالانِ رہِ عشق کے ظاہر پہ نہ جا — ٹھوکروں میں مہ و خورشید پڑے ہوتے ہیں

کیوں نہ ہو زورِ ہوس، دَورِ کمِ آگاہی میں — دھوپ ڈھلتی ہے تو سائے بھی بڑے ہوتے ہیں

شوق کردار کا ہوتا ہے بڑا پن کچھ اور
مال و دولت سے کبھی لوگ بڑے ہوتے ہیں

۳۹

دِل ہے مدّت سے بے صدا اپنا ۔ کون دے گا ہمیں پتہ اپنا
دَورداب تک ہے نارسا اپنا ۔ ہوگیا حال کیا سے کیا اپنا
کچھ نہیں، اور سب کچھ اپنا ہے ۔ کس مزے کا ہے سانحہ اپنا
سبھی قاتل سبھی مسیحا ہیں ۔ مانگئے کس سے خوں بہا اپنا
دَورِ صبر آزما کی عُمر دراز ۔ ہم کو اندازہ ہوگیا اپنا
زندگی اب کوئی پیام نہ دے ۔ آج دل ہے بجھا بجھا اپنا
مُجھ پہ کیچڑ اُچھالنے والو ۔ جائزہ تم تو لو ذرا، اپنا
چُھوٹنا قافلے سے کام آیا ۔ راستہ سب سے ہے جُدا اپنا
زندگی اپنی کاوشوں میں رہی ۔ کام کرتی رہی قضا اپنا
اُن کے آگے کسی کی کیا چلتی ۔ سب نے زور آزما لیا اپنا
راستے کیا فریب دیں اس کو ۔ خود بنالے جو راستہ اپنا

لَو چراغوں کی شوقؔ تیز کرو
رُخ بدلنے لگی ہوا اپنا

۴۰

یہ کیسی بجلیاں بھر دی گئی ہیں دردِ پنہاں میں
تڑپ کے ساتھ آجاتی ہے اک قوت دل و جاں میں

نظر کیا جذب ہو رنگینیٔ صبحِ گلستاں میں
بہاریں حسنِ پنہاں کی ہیں میری چشمِ حیراں میں

حوادث بے سبب تخلیق میں لائے نہیں جاتے
مذاقِ اہلِ ہمت پرورش پاتا ہے طوفاں میں

سلیقے کی فغاں تھی یا کوئی پُر درد نغمہ تھا
دبی چنگاریاں پھر سے بھڑک اٹھیں دل و جاں میں

جِلا پاتا ہے احساسِ نظر حسن کی لطافت سے
نظر آتے ہیں کچھ ایسے بھی جلوے بزمِ امکاں میں

نگاہِ ناز کی اک چھیڑ نے سنوا دئیے مجھ کو
جو نغمے آج تک خوابیدہ تھے تارِ رگِ جاں میں

بہارِ لالہ و گل کون دیکھے دیکھ کر تم کو
گلستاں ساز نظریں لے کے کیا جاؤں گلستاں میں

یہ دنیا اک تسلسل ہے اسی خوابِ پریشاں کا
ہماری زندگی گزری ہے جس خوابِ پریشاں میں

جنوں کی رسم کو شاید نیا اسلوب دینا تھا
گلستاں کو بھی شامل کر لیا یاروں نے زنداں میں

عجب انداز سے کروٹ خزاں نے شوق بدلی ہے
چمن جلنے لگے ہیں سایۂ ابرِ بہاراں میں

۴۱

○

نبضِ حیات، دل کی طرح ڈوبتی چلی
تم کیا میری نظر سے چلے زندگی چلی

مٹتے تو کیا غموں کے اندھیرے حیات سے
جب تک تمہارا ذکر چلا روشنی چلی

تنہا خزاں سے کب ہوئی بربادیٔ چمن
سب نے چلائی جس کی ہوا جتنی بھی چلی

مل جائے جو بھی وقت، غنیمت سمجھ کے چل
کیا اعتبار سانس کا جب تک چلی چلی

اپنے قدم تو رُک نہ سکے راہِ شوق میں
تم چھُٹ گئے تو ساتھ تمہاری کمی چلی

نازک ہے غم سے وقفۂ غم کا معاملہ
جنگل کی آگ ہے کہ لگی پھیلتی چلی

دیر و حرم کہاں ہیں محبت کی راہ میں
قدموں سے تیرے لپٹی ہوئی بندگی چلی

منزل میں چل چلاؤ کی رُکنے کا کیا سوال
ساتھ اپنے حادثے بھی چلے عمر بھی چلی

بن جائے گا شعورِ نظر، زخمِ مستقل
کچھ دن اسی روش پہ اگر زندگی چلی

اے شوقؔ، انتظار کی شمعیں بجھا بھی دو
آنکھوں کے ساتھ رات بھی اب بھیگتی چلی

۴۲

لاکھ چسپاں کرو چہروں پہ سیاسی چہرے
حادثوں میں نہیں چھپتے کبھی اصلی چہرے

تیری محفل کے چراغوں پہ نظر تھی سب کی
کس نے دیکھے میرے احساس کے زخمی چہرے

دل کے زخموں سے مَیں پردہ تو اُٹھا دوں لیکن
ڈر رہا ہوں نہ اُتر جائیں فریبی چہرے

جلوۂ گُل کا نظارہ ہو مبارک تم کو
آنکھ والوں کے صحیفے ہیں کتابی چہرے

بُھول جاتی ہے نظر دیر تک احساس اپنا
بعض اوقات نظر آتے ہیں وہ بھی چہرے

رنگ و صورت میں ہے بے چہرگیٔ حُسن وہی
پیاس نظروں کی بڑھا دیتے ہیں خالی چہرے

وقت نے کتنے ہی چہروں سے نقاب اُلٹا دی
سامنے آگئے کھُل کر کئی ذہنی چہرے

زندگی اپنے تعارف سے بھی شرماتی ہے
ایک اک جسم پہ ہیں کتنے ہی نقلی چہرے

شوقؔ چہروں کو نہیں، لوگوں کے ذہنوں کو پڑھو
دن میں دس رنگ بدلتے ہیں سیاسی چہرے

۴۳

چھپائے کیا کوئی دردِ جگر کو　　محبت رنگ دیتی ہے نظر کو
تمہارا حُسن تم پر کب کھُلا تھا　　دُعائیں دو میرے ذوقِ نظر کو۔
پیامِ اہلِ دل کیا جانے کوئی　　نظر والے سمجھتے ہیں نظر کو
بلند اتنا تو ہو ذوقِ تماشا　　نگاہِ حُسن خود ڈھونڈے نظر کو
ذرا رُک رُک کے ہر پردہ اُٹھانا　　کہیں جلوے نہ گُم کر دیں نظر کو
سلامت انقلاباتِ زمانہ　　نئی راہیں ملیں فکر و نظر کو
جہاں ہوتی ہے دل کو راہ دل سے　　نظر پہچان لیتی ہے نظر کو
نظر دے تو شعورِ دید بھی دے　　نہیں تو کیا کروں لے کر نظر کو
تجلّی خود نظر بنتی ہے لیکن　　مٹا کر اعتباراتِ نظر کو
اُنھیں دیکھے مجسّم دید ہو کر　　شعور اتنا کہاں ہے ہر نظر کو

خیال اُن کا جہاں بھی شوقؔ آیا
نظر طے کر گئی حدِّ نظر کو

(طرحی مشاعرہ بزمِ تلامذہ صفیؔ سنہ ۱۹۵۱ء)

(بقیدِ قافیہ)

۴۴

یہ کیا لالہ و گُل یہ کیا چاند تارے ۔۔۔ محبت سلامت ہزاروں نظارے
کئی دَور ایسے بھی ہم نے گزارے ۔۔۔ کہ بنتے دل شکن خود ہی دل کے سہارے
جمالِ حقیقت، سمندر سمندر ۔۔۔ نگاہوں کی دُنیا کنارے کنارے
بناتی ہیں ناکامیاں زندگی کو ۔۔۔ بشرطیکہ انسان ہمت نہ ہارے
پتہ بھی کروڑوں کا چلنے نہ پایا ۔۔۔ بہت تیز رَو ہیں زمانے کے دھارے
جلے ایک میرا نشیمن تو کیا ہے ۔۔۔ کہیں پھیل جائیں نہ اس کے شرارے
یہ دُنیا ہے یا غم زدہ آنکھ کوئی ۔۔۔ ہوئی شام اور جھلملائے ستارے
کبھی اشک چمکے، کبھی دَرد چمکا ۔۔۔ وہ کرتے ہیں کس کس اَدا سے اشارے
شعورِ نظر بھی جہاں تک نہ پہنچا ۔۔۔ ابھی ہوں گے کتنے ہی ایسے نظارے
ستاروں سے آگے کے انسان ہیں ہم ۔۔۔ کسی سے ملیں کیا ہمارے ستارے
مزاجِ دکن لااُبالی ہے کتنا ۔۔۔ یہاں لوگ ہیں چلتے پھرتے اِدارے

زمانے کے بعد آج شوقؔ ان کو دیکھا
"بہ رُخِ گلشنے در نظر نو بہارے"

(طرحی مشاعرہ ۱۹۵۵ء۔ بصدارت حضرت جگر مرادآبادی۔ نمائش میدان)

۴۵

○

دل کی آواز ہو یا درد کی منزل تم ہو   میں جہاں بھی رہوں نظروں کے مقابل تم ہو

مُشکلیں ہوں جو زمانے کی تو آساں کر لوں   سخت مشکل تو یہی ہے میری مشکل تم ہو

جُرم کے چہرے پہ افواہوں کے پردے ڈالو   صاف پہچان نہ لے کوئی کہ قاتل تم ہو

ذہن میں کیا ہے خُدا جانے کرم کے پیچھے   عام شہرت ہے کرم کرنے پہ مائل تم ہو

صرف پہچاننے والے تمہیں پہچانتے ہیں   ہر جگہ چاہے وہ خلوت ہو کہ محفل تم ہو

رہ کے طوفاں میں ہم اتنے پریشان نہیں   جتنے حیران و پریشاں لبِ ساحل تم ہو

کیا ہے ہستی میری جُز ایک فریبِ ہستی   میرا ارمان، میری زیست، میرا دل تم ہو

نگہِ شوق کو ہر رنگ تمہارا معلوم   کوئی محفل ہو تو کیا رونقِ محفل تم ہو

شوق سے تم کو بھلانا کوئی آسان نہیں
زندگی بھر کی تمنّاؤں کا حاصل تم ہو

سہل ہے صحبتِ میخانہ میں شامل ہونا ۵ زہر حالات کا پینے کے لئے دل ہونا
چاہتا ہوں ترے جلووں کا تقرب ایسا ۵ اپنے ہونے کا بھی احساس بمشکل ہونا
شکریہ کیا ہو ادا کم نگہی کا تیری ۵ آگیا ہے مری تنہائی کو محفل ہونا
ہر قدم اک نئے طوفاں سے ملی ہیں نظریں ۵ ہم کو آیا نہیں آسودۂ ساحل ہونا
کیا پتہ کتنوں کو رکھتا ہے غلط فہمی میں ۵ نالۂ دل کا ہم آہنگِ سلاسل ہونا
جی رہے ہیں فقط آشفتہ سری سے ہم لوگ ۵ ورنہ کیا کھیل ہے آپ اپنے مقابل ہونا
بار گزرا کئی کوتاہ نظر رندوں پر ۵ میری لغزش کا چراغِ سرِ منزل ہونا
اور شدت سے ابھرتے ہیں سحر کے جلوے ۵ ظلمتیں چاہتی ہیں جب کبھی حائل ہونا
ہم تو زخموں کو بھی انعامِ محبت سمجھیں ۵ دینے والا مگر ایسا کوئی قاتل ہونا
زندگانی کی علامت نہیں ذہنوں کا جمود ۵ کوئی ہنگامہ تو برہم زنِ محفل ہونا
گرمیٔ ذوقِ سفر میں نہ کمی آ جائے ۵ مجھ سے ممکن نہیں وابستۂ منزل ہونا

پست ذہنی پہ کھلا طنز ہے قد جن کا شوق
باعثِ ننگ ہے ایسوں کے مقابل ہونا

۴۷

جُدائی تھی تو کیا کیا کرتے تھے ملنے کی تدبیریں
ملے ہیں وہ تو اب حالات ہیں قدموں کی زنجیریں

یہ کیا لفظوں کے خاکے درد کی بے جان تفسیریں
بھرو خونِ جگر تو بولنے لگتی ہیں تصویریں

نگاہوں میں لیے پھرتا ہوں خوابِ آرزو کیا کیا
فقط بیداریاں نکلیں میرے خوابوں کی تعبیریں

یہاں سچ سر اُٹھا کر دو قدم بھی چل نہیں سکتا
کھڑی ہیں جھوٹ کی بنیاد پر کتنی ہی تعمیریں

دلوں کے درمیاں دیوار اُٹھانے میں جو ماہر ہیں
وہی زوروں سے کرتے ہیں ملنساری کی تقریریں

زمانہ امتحاں لیتا نہیں مُردہ ضمیروں کا
ہمیشہ جرمِ حق گوئی پہ ہی ملتی ہیں تعزیریں

اسیرِ نو ابھی واقف کہاں آدابِ زنداں سے
کبھی سعیٔ رہائی سے بھی بڑھ جاتی ہیں زنجیریں

اُجالوں کی علامت ماہ و انجم ہی نہیں تنہا
کئی سورج اُبھر آئیں اگر ذرّوں کے دل چیریں

ہر اک تصویر پر دھوکا ہے تیرے نقش و صورت کا
تیری بے صورتی نے کی ہیں پیدا کتنی تصویریں

خدا حافظ ہے شوقؔ ان رہبرانِ قوم و ملت کا
عمل کے راستوں کو بھی سمجھ بیٹھے ہیں جاگیریں

(طرحی مشاعرہ عادل آباد بسلسلہ اقبال صدی تقاریب)

۴۸

ملے کچھ ایسے بھی آتش بجاں ہُنر والے　　فغاں بھی کر نہ سکے دیکھ کر نظر والے
قریبِ منزلِ جاناں نہ ہوں سفر والے　　یہاں تو اور بھی گُم ہیں "قریب تر والے"
حیات مانگ رہی ہے لہو رگِ جاں کا　　چراغ گُل ہیں اُمیدوں کی رہگزر والے
قدم قدم پہ زمانہ تھا سنگِ راہ مگر　　رُکے نہ قافلۂ منزلِ سحر والے
ہوئی طویل اُمیدوں سے دل کی بربادی　　تباہ کرتے ہیں گھر کو ہمیشہ گھر والے
متاعِ عشق نہیں دردِ خستگی کے سوا　　ہَوس کے پاس ہیں نالے کئی اَثر والے
چمن کے نام سے سَودا کرو نہ پھُولوں کا　　ہَوا کے رُخ کو سمجھ جاتے ہیں نظر والے
غموں کی دُھوپ میں میخانہ پھر غنیمت ہے　　کبھی کبھی اِدھر آجاتے ہیں اُدھر والے
غُبارِ وقت سے پوچھیں گے کچھ پتہ اُن کا　　کدھر چلے گئے وہ لوگ کرّ و فر والے
بھرم کھلے گا چمن دوستی کے دعوؤں کا　　خزاں جو لالہ و گُل کا لباس اُتروا لے

رہائی اپنی ہوئی شوقؔ، قید سے بدتر
ہمارے ہم قفس اکثر تھے بال و پر والے

○

رُوح کے زخم سے چہرے پہ توانائی ہے ۔ بے حسی شدّتِ احساس کی گہرائی ہے

ہر نفس تشنگیٔ درد پذیرائی ہے ۔ دل جسے کہتے ہیں اک محشرِ تنہائی ہے

خود فراموش ہوں میں عشق فراموش نہیں ۔ بھُولتا تجھ کو تو کہتا "تری یاد آئی ہے"

وقت کا جبر ہے مجبوریٔ دل سے بھی سوا ۔ ورنہ دراصل کسے تابِ شکیبائی ہے

تھی نظر جلوہ ہی جلوہ ترے نظّارے تک ۔ اب نظر کیا ہے فقط تہمتِ بینائی ہے

ہنستے ہنستے کبھی آنسو نکل آجاتے تھے ۔ پی گئے اب کئی آنسو تو ہنسی آئی ہے

کر گئی شہر کی تہذیب ترقی کتنی ۔ قاتلوں کو بھی یہاں نازِ مسیحائی ہے

خوش مزاجی سے نہ کھا اہلِ چمن کی دھُوکا ۔ دل سے بیگانے ہیں چہروں سے شناسائی ہے

داد دے کون میری بے سروسامانی کی ۔ ہر کوئی اپنی تباہی کا تماشائی ہے

صبر ہی صبر ہے دستورِ محبت کیشاں ۔ جبرِ محبوب پہ آئینِ زُلیخائی ہے

۵۰

تیری یادیں بھی رفیقِ دلِ تنہا کب تک ۵ رُوح اور جسم کی کچھ دیر کو یکجائی ہے

کس کو اس جلوۂ دل تاب کا محرم کہیے ۵ جس کی جو فکر و تجسس وہی بینائی ہے

کن عذابوں میں ہوں محسودِ خلائق ہو کر ۵ میرا اعزاز ہی میرے لیے رُسوائی ہے

غمِ دل محفلیں کتنی ہی سجاتا جائے ۵ زندگی رنگ بدلتی شبِ تنہائی ہے

شوق کل تک تھی غریبی شرفِ انسانی

اور اب سب سے بڑی ذلت و رُسوائی ہے

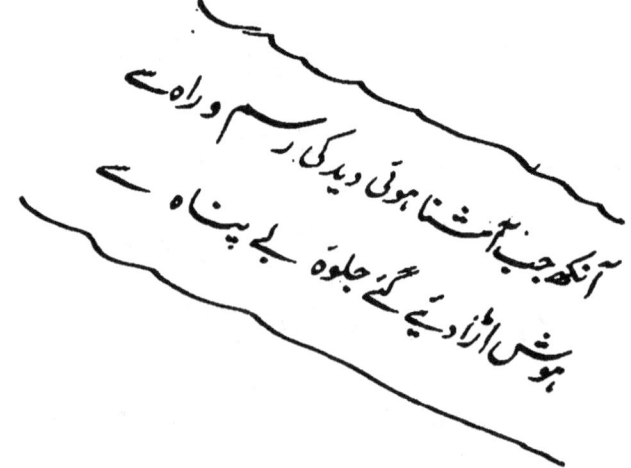

آنکھ جب آشنا ہوئی دید کی رسم و راہ سے

ہوش اُڑا دیئے گئے جلوۂ بے پناہ سے

۵۱

زندگی رِسنے لگی زخمِ دل و جاں کی طرح
وقت خاموش ہے شمعِ تہہِ داماں کی طرح

غم نہیں عمر جو گزرے شبِ نِداں کی طرح
تم نگاہوں میں رہو صبحِ بہاراں کی طرح

سلسلہ خوابِ تمنّا کا کہاں ٹوٹا ہے
کئی چہرے تھے نظر میں گُلِ خنداں کی طرح

گھٹ گئے دل کی زباں جاننے والے شاید
بستیاں پھیل رہی ہیں غمِ پنہاں کی طرح

وقت بدلا تو بدل جاتی ہیں ساری قدریں
چشمِ یاراں کی طرح فصلِ گلستاں کی طرح

ہائے کیا لوگ تیری انجمنِ ناز کے تھے
درد کی طرح جئیے، مِٹ گئے ارماں کی طرح

نہ کوئی ڈھنگ لگاوٹ کا نہ ڈھب دوری کا
لوگ ملتے ہیں مگر عمرِ گریزاں کی طرح

ہر زمانے میں ہے فیاضیِ فطرت جاری
غم بھی تخلیق کیئے جاتے ہیں انساں کی طرح

دید ممکن ہے نہ تکرارِ تجلّی ممکن
کتنے عالم ہیں سراپردۂ امکاں کی طرح

ضبطِ غم دیکھ ٹپک جائے نہ دل آنکھوں سے
ساز چھیڑا ہے ستم گر نے رگِ جاں کی طرح

۵۲

ہیں فقط اتنے ہی جلوے کی گنہگار آنکھیں   کوئی گزرا ہے اِدھر شعلۂ رقصاں کی طرح

رہرو صبحِ تمنّا پہ سفر بار نہ ہو   رات ٹھنڈی ہے ترے گوشۂ داماں کی طرح

نئی تہذیب کے دامن میں ہے کیا دینے کو   جی رہے ہیں سبھی اک خوابِ پریشاں کی طرح

زندگی شوق کسے فرصتِ غم دیتی ہے

ایک چکّر میں ہیں سب گردشِ دوراں کی طرح

ہمّتِ صبر بھی رہ جاتی ہے اک منزل پہ

آدمی چاہے پیمبر سہی پھر آدمی ہے

ہم جس کو چاہیں کر دیں اے عرش سے بلند

جس کو نہ چاہیں پھینک دیں تحت الثریٰ میں ہم

۵۳

شُکر کرتی ہے چشمِ نم تیرا
زندگی بن گیا ہے غم تیرا

دل کی فطرت کہاں سنورتی تھی
ایک احسان ہے ستم تیرا

ہم سزاوارِ آرزو نہ سہی
دم ہے جب تک بھریں گے دم تیرا

راہ کی مُشکلوں کا غم کیا ہو
ہے تصور، قدم قدم تیرا

یادگارِ زمانہ ہیں دونوں
ناسپاسی میری، کرم تیرا

سامنا اپنا کر نہیں سکتے
سامنا کیا کریں گے ہم تیرا

لطفِ صبر آزمانہ کر مجھ پر
کُھل نہ جائے کہیں بھرم تیرا

سانس لیتے ہیں دل میں سنّاٹے
کتنا آباد ہے حرم تیرا

مجھ کو ناکامِ زندگی نہ سمجھ
زندگی سے سوا ہے غم تیرا

دونوں عالم عدم بھی ہو جائیں
نام ہوگا نہ کالعدم تیرا

میں ملامت کشِ ضمیر نہ تھا
کیا سِتم کر گیا کرم تیرا

حق ادا بندگی کا کیا ہوتا
شُکر ادا کر سکے نہ ہم تیرا

شوق کی عُمر یوں ہی گزری ہے
ذکر کیا ایک شامِ غم تیرا

۵۴

○

نظر آتے نہیں، آواز دیتے ہیں مگر دِل سے
ہزاروں قُربتوں پر بھی وہی دُوری ہے منزل سے

کیئے جا حادثوں کا سامنا ثابت قدم دِل سے
تلاطم سرد پڑ جاتے ہیں استقلالِ ساحل سے

نہ کھا دھوکا خُلوصِ باہمی کا اہلِ محفل سے
دلوں کے فاصلے قُربت میں بھی جاتے نہیں دِل سے

نگاہِ شوق پہروں تک کہیں قایم نہیں ہوتی
مقابل ہو کے دَم بھر جب وہ ہٹتے ہیں مقابل سے

تیرا غم، رُوح کی گہرائیوں میں جب اُترتا ہے
تو اکثر امتیازِ غم ہوا کرتا ہے مشکل سے

۵۵

ہنسی کیسی؟ سمجھ کر رونے والے تک بہت کم ہیں
جہاں جاتا ہوں تنہائی لیئے اُٹھتا ہوں محفل سے

محبت میں جنہیں دعویٰ تھا تارے توڑ لانے کا
عمل کا وقت جب آیا تو کوسوں دُور تھے دِل سے

طلب کی کون سی منزل کو حدِ آخری سمجھیں
بہ ہر منزل اُلجھتا ہے خیال آگے کی منزل سے

کبھی مجبوریاں بھی راہ نو تعمیر کرتی ہیں
نظر عاجز ہوئی تو کام لینا آگیا دِل سے

قفس کی بے بسی سب کی سمجھ میں آتی ہے لیکن
چمن کے بعض گوشوں تک نظر جاتی ہے مشکل سے

سلامت نامرادی، شوق کیا تسکینِ دل چاہوں
غموں کی زندگی وابستہ ہے بربادیٔ دل سے

(طرحی مشاعرہ ادبستانِ صفی - دیوڑھی قاضی صاحب ہری باؤلی)

۵۶

دل ہے کیوں گریۂ بے اشک سے پُرنور بہت
تم بہت پاس ہو یا خود سے ہیں ہم دُور بہت

جلوۂ حُسن سے دل کیا رہے معمور بہت
موجِ ساحل کے کبھی پاس کبھی دُور بہت

نام اِسی فرق کا ہے کشمکشِ غم شاید
تم کرم کرتے ہو کم کم ہمیں منظور بہت

اِستطاعت ہے جنھیں ان کو کچھ احساس نہیں
جن کا احساس ہے زندہ وہ ہیں مجبور بہت

مرگِ بے فاصلہ ہے باخبری کا جینا
اپنی غفلت سے ہے جو کوئی ہے مسرور بہت

کب سے ہوں ہمقدمِ وقتِ گریزاں لیکن
دُور ہے منزلِ مقصود، بدستور بہت

صرف آلام سے ہی دل نہیں ہوتا غمگیں
بعض خوشیاں بھی بنا دیتی ہیں رنجور بہت

کیا نہ کرتی رہی دُنیا ہمیں اپنانے کو
گم دماغی سے رہے کچھ ہمی مغرور بہت

دل میں رکھ کر تمہیں گمنام کے گمنام ہیں ہم
طُور اک برقِ تجلّی سے ہے مشہور بہت

کہیں ہنستے ہوئے چہروں سے نہ دھوکا کھانا
دل ٹٹولو گے تو مِل جائیں گے ناسور بہت

زندگی وقت کا خود سب سے بڑا حادثہ ہے
جس کو دیکھو وہ ہے حالات سے مجبور بہت

شوق کیا جلوۂ بے پردہ کی خواہش کیجے
ہوش اُڑانے کو ہے اک جلوۂ مستور بہت

۵۷

اجازت باریابی کی وہ چشمِ ناز دیتی ہے
سنبھل اے دل تری منزل تجھے آواز دیتی ہے

نگاہِ یار جس دل کو بھی اپنا راز دیتی ہے
بنامِ عشق اک دردِ تمنا ساز دیتی ہے

تمہارے حُسن نے انداز ہی کچھ ایسے پائے ہیں
نظر، پیغامِ نظارہ بہر انداز دیتی ہے

چمن بردوش ہو جاتی ہیں زنداں کی حدیں بڑھ کر
شکستِ بال و پر جب طاقتِ پرواز دیتی ہے

ابھی تو بات پہنچی ہے فقط رسمی خطابوں تک
نہ جانے ہم کو دنیا اور کیا اعزاز دیتی ہے

بہارِ نغمگی، یادوں کی خوشبو، چاندنی راتیں
کئی لہجے بدل کر زندگی آواز دیتی ہے

سنبھلنے کے لئے آفت کے مارے کیا نہیں کرتے
مگر کب اتنی مُہلت وقت کی پرواز دیتی ہے

بہاروں سے تو اُمیدیں بہت ہیں اہلِ گلشن کو
پتہ کچھ اور لُوٹے غانہ برانداز دیتی ہے

ہجومِ غم میں شوق اپنے قدم کیا ڈگمگائیں گے
سہارا زندگی کو ہمتِ جاں باز دیتی ہے

۵۸

○

نغمے خوابیدہ ہیں، نالوں کا اثر تک چپ ہے　　　آپ کیا چپ ہیں، فضا حدِ نظر تک چپ ہے

شام تک میکدہ گلزار سحر تک چپ ہے　　　زندگی وقت کی تجدیدِ سفر تک چپ ہے

ساتھ تھے آپ تو منزل بھی صدا دیتی تھی　　　اب یہ عالم ہے کہ ہر راہ گزر تک چپ ہے

کس کو آواز دیں اس بولتے سنّاٹے میں　　　جس طرف دیکھیے دیوار سے در تک چپ ہے

آنکھ درکار ہے جذبوں کو سمجھنے کے لئے　　　چہرہ کیا کہہ سکے جب دیدۂ تر تک چپ ہے

بے شعوروں نے اٹھا رکھی ہے دنیا سر پر　　　ہوش مندوں کی زباں کیا ہے نظر تک چپ ہے

کس سے پوچھوں کہ نشیمن میرا کس نے پھونکا　　　بوئے گُل، بادِ صبا، شاخِ شجر تک چپ ہے

دل ہے خاموش تو خاموش ہے دنیا ساری　　　ایک عالم ہے ادھر سے جو اُدھر تک چپ ہے

شوقؔ، زندانِ جہاں، منزلِ فریاد نہیں
اس خرابے میں تو سانسوں کا سفر تک چپ ہے

۵۹

کوئی مَصرف نہ کچھ حاصل ہے میرا جئے جاتا ہوں ہَنس کر دل ہے میرا
جہاں ٹھیروں وہیں ساحل ہے میرا ٹھہَرنا ہی مگر مشکل ہے میرا
چراغِ منزلِ ہستی ہوں لیکن سفر بے جادہ و منزل ہے میرا
کسی کے حُسن کو الزام کیوں دوں میرا ذوقِ نظر، قاتل ہے میرا
میرا حق کیا ہے گلشن پر نہ پوچھو لہو، کانٹوں میں تک شامل ہے میرا
تری محفل سے، جانے کب اُٹھا تھا دلِ تنہا خود اک محفل ہے میرا
پہنچ پاتی نہیں تجھ تک نگاہیں یہ جلوہ، پردۂ حائل ہے میرا
کسی کی جستجو میں کھو گیا ہوں میری گُم گشتگی حاصل ہے میرا

شعور گُمرہی میں شوق گُم ہوں
مذاقِ جستجو کامل ہے میرا

۶۰

○

وقت کا سیلِ رواں شام و سحر ہیں ہم لوگ
جس کی منزل نہیں کوئی وہ سفر ہیں ہم لوگ

ہم سے مل کر بھی زمانہ نہیں واقف ہم سے
اہلِ دانش کے حجاباتِ نظر ہیں ہم لوگ

زندگی کتنے اندھیروں سے عبارت ہے مگر
ظلمتوں کے لئے پیغامِ سحر ہیں ہم لوگ

اصطلاحِ رہ و منزل میں نہ ڈھونڈو ہم کو
رہروِ منزلِ بے راہ گزر ہیں ہم لوگ

کھوئے کھوئے سے شب و روز کے ہنگاموں میں
کس کو معلوم کہ کس وقت کدھر ہیں ہم لوگ

اپنی بے نام وری وجہِ گران قدری ہے
ہاتھ لگ جائیں تو انمول گُہر ہیں ہم لوگ

ہم کو سمجھو گے تو دُنیا کو سمجھ پاؤ گے
ہمہ تن وقت کی خاموش نظر ہیں ہم لوگ

ہم سے قائم ہیں بہاریں چمنِ ہستی کی
لیکن اپنے لئے اک زخمِ جگر ہیں ہم لوگ

حُسنِ کردار کو اسلاف کے جب دیکھتے ہیں
کچھ سمجھ میں نہیں آتا کہ کدھر ہیں ہم لوگ

کیا یقین آئے زمانے کے بدل جانے کا
کل بھی تھے آج بھی نشتر بہ جگر ہیں ہم لوگ

آرزو خیز ہو جو وضعِ کم آمیزی سے
شوقؔ وہ روشنیٔ فکر و نظر ہیں ہم لوگ

٦١

نہ تھا خیال بھی آساں مجھے مٹانے کا تری نظر نے بھرم رکھ لیا زمانے کا

مقام، شاخ پہ ڈھونڈو نہ آشیانے کا طوافِ برق پتہ ہے میرے ٹھکانے کا

زبان بند نہ کیجے دلوں کے زخموں کی کہیں چمن پہ گماں ہو نہ قید خانے کا

ہمارے حال پہ تم چاہو جس قدر ہنس لو نہ دو زمانے کو موقع ہنسی اُڑانے کا

نمی اُن آنکھوں سے اُبھری تھی میرے دامن کی پھر آگے مل نہ سکا سلسلہ فسانے کا

مِلے تھے موڑ کئی زندگی کی راہوں میں نہ جانے ساتھ کہاں چھوٹ گیا زمانے کا

میری نگاہ نہیں دوستوں کی کثرت پر شعور دیکھ رہا ہوں میں دوستانے کا

کٹی ہے عمر ترے غم کے ناز اُٹھانے میں دماغ کس کو ہے دُنیا کے ناز اُٹھانے کا

چراغ گل کا اُجالا چمن میں ہو کہ نہ ہو درِ قفس تک اُجالا ہے آشیانے کا

ہوئے ہیں شوق کئی دوستوں کے قد اونچے

منافقت بھی بڑا فن ہے اِس زمانے کا

٦٢

لوگ آپس میں عجب کینہ و کد رکھتے ہیں
صاف ملتے ہیں مگر دل میں حسد رکھتے ہیں

وقت انسان کو دیوانہ بنا دیتا ہے
ورنہ رکھنے کو سبھی ہوش و خرد رکھتے ہیں

جستجو ہو نہ ہو آسودۂ منزل اپنی
اک تمنا ز ازل تا بہ ابد رکھتے ہیں

کتنے گھر نذرِ روا داریٔ حالات ہوئے
در و دیوار شرافت کی سند رکھتے ہیں

دین داری کا ثبوت اس سے زیادہ کیا ہو
گھر میں طغرائے ھو اللہ احد رکھتے ہیں

تیرے میخانے کا ماحول عجب ہے ساقی
نیک طینت بھی یہاں شہرتِ بد رکھتے ہیں

خونِ دل سے کبھی اشکوں کے کنول روشن تھے
اب ہنسی کے لیے سامانِ رسد رکھتے ہیں

کتنے اقسام ہیں لوگوں کی پریشانی کے
تنگدستی میں بھی گھر چار عدد رکھتے ہیں

ایسے لوگوں سے ہی دنیا کا بھرم قائم ہے
کچھ نہ رکھ کر بھی جو کردار کا قد رکھتے ہیں

شوق مجبوریِ حالات بھی کیا ہوتی ہے
قاتلوں سے بھی ہم امیدِ مدد رکھتے ہیں

۶۳

○

نہیں ہیں غم اگر نصیب میں نہیں ہیں منزلیں
خُدا کرے کبھی نہ کم ہوں زندگی کی مُشکلیں

جہانِ حُسن و عشق کی حدیں کہیں ملیں تو کیا ملیں
خرد ہے منزلوں میں گُم، جنوں میں گُم ہیں منزلیں

یہ چاک پیرہن نہیں جسے کوئی رفو کرے
جو زندگی کے زخم ہیں وہ زخم کس طرح سلیں

تیری نظر اگر نہ ہو پسِ بہارِ آب و گِل
نہ پات پات رنگ دیں نہ شاخ شاخ گُل کھلیں

رہِ طلب میں مرحلہ ہی مرحلہ ہے زندگی
تصورِ سکوں کا نام پڑ گیا ہے منزلیں

۶۴

لباس در لباس ہو گیا ہے آج آدمی
عجب نہیں بُرائیوں کی تہہ میں نیکیاں ملیں

بڑے مزے سے کٹ رہے ہیں زندگی کے راستے
نفس نفس میں اُلجھنیں قدم قدم پہ مشکلیں

طبیعت اپنی اس لئے زمانے سے نہ مل سکی
دِلوں میں کھوٹ رکھ کے لوگ اگر ملیں تو کیا ملیں

ابھی نگاہ دُوریوں سے ہو رہی تھی آشنا
قریب آکے آپ نے بڑھا دیں اور مشکلیں

زمانہ کیا بدل گیا ہر اک بِساط اُلٹ گئی
نہ آج ویسی صُحبتیں نہ آج ویسی محفلیں

کرم کی انتہا بھی شوق ایک سزا سے کم نہیں
وہ حوصلوں کو دیکھ کر نوازتے ہیں مشکلیں

۶۵

○

حادثے ہونے کو ہر دَور میں پیہم ہوں گے
ہم سے برباد ازل پھر بھی بہت کم ہوں گے

اَجنبی شخص دل آزار نہیں ہو سکتا
فتنہ انگیز وہی ہوں گے جو محرَم ہوں گے

رُخِ عالَم پہ نکھار اتنا کہاں سے آتا
کتنے سورج نہ پسِ پردۂ عالم ہوں گے

ہم چمن ساز بہاروں کی نظر رکھتے ہیں
اور ہوں گے جو اسیرِ گُل و شبنم ہوں گے

آپ کی چارہ گری دیکھئیے کیا کرتی ہے
زخم کم ہوں گے کہ بیگانۂ مرہم ہوں گے

اور کیا ہے سببِ عُمر درازی اپنا
نامکمّل میرے حِصّے کے کئی غم ہوں گے

درد کر لیتا ہے فریاد کے رستے پیدا
کم ہوئے دل کے تقاضے نہ کبھی کم ہوں گے

آپ معصوم ہی کہلائیں گے سب کچھ کر کے
وقت آئے گا تو بدنام فقط ہم ہوں گے

شوقؔ حالات کی رفتار پتہ دیتی ہے
انقلاب آئیں گے نقشے کئی برہم ہوں گے

٦٦

مقام آشنا کیا ہو انسان اپنا نہ عرفانِ غم ہے نہ عرفان اپنا
تمہیں پا کے بھی جستجو ہے تمہاری خدا جانے کیا کچھ ہے ارمان اپنا
بہت دُور تک ملتے ہیں غم کے رشتے شعورِ جنوں ہے گریبان اپنا
شکستِ عزائم نے سمجھا دیا ہے حقیقت میں کتنا ہے اِمکان اپنا
کئی دن لگے رخصتِ جان و تن کو ہُوا دیر میں کام آسان اپنا
خیالوں کے آئینے کجلا گئے ہیں نوائے زندگی، چہرہ پہچان اپنا
گیا بھی نہ تھا دل سے رنجِ اسیری چمن لُٹ گیا آن کی آن اپنا
نہیں کوئی نام اُس نظر کی کمی کا ہمی کچھ سمجھتے ہیں نقصان اپنا
جہاں کے فسانوں کا عنوان ہیں ہم نہیں ہے مگر کوئی عنوان اپنا
پریشانیاں ہیں زمانے کو ہم سے زمانے سے دل ہے پریشان اپنا

کوئی بات اپنی بنے شوقؔ کیونکر
وہ ظالم سمجھتا ہے رُجحان اپنا

٦٧

ایک بے حاصل طلب، بے نام اک منزل بنا — ٹوٹنے کے بعد ہی دل در حقیقت دل بنا

منزلیں ہی کیا، نیا ہر جادۂ منزل بنا — لیکن اپنے آپ کو پہلے کسی قابل بنا

ہم فریبِ رنگ و بو کھا کر بھی آگے بڑھ گئے — کم نگاہوں کے لئے ہر مرحلہ مشکل بنا

کس قدر عہد آفریں عالم ہے تیری ذات کا — جو تیری محفل میں آیا وہ خود اک محفل بنا

غم سے نامانوس رہنے تک تھیں ساری تلخیاں — رفتہ رفتہ غم ہی اپنی عمر کا حاصل بنا

پی گئے گو کتنے ہی آنسو ہم بنامِ زندگی — ایک مدت میں کہیں دل درد کے قابل بنا

جذبۂ منزل سلامت، راستوں کی کیا کمی — ہم جدھر نکلے، نیا اک جادۂ منزل بنا

ہر مقامِ زندگی پر تھا میرا عالم جدا — میں کہیں طوفاں کہیں کشتی کہیں ساحل بنا

تبصرے کرنے لگے ہیں لوگ حسبِ حوصلہ
شوقؔ، آسانی سے میں کچھ اور بھی مشکل بنا

۶۸

اتنی پلا دے اے نگہِ میکدہ بہ دوش
رہنے نہ پائے ہوش کی دُنیا بقیدِ ہوش

جو خالقِ بہار تھے وہ لوگ اُٹھ گئے
اب گُل فروش رہ گئے یا گُلستاں فروش

مانا کہ عرضِ حال ادب کے خلاف ہے
لیکن نظر زباں نہیں جو رہ سکے خموش

ملتے نہیں کسی کو سوا اس کے ظرف سے
کتنی مزاج داں ہے تری چشمِ مے فروش

اہلِ جنوں گزر گئے کس کس مقام سے
پہلے قدم پہ غیب ہیں یارانِ عقل و ہوش

کل دشمنی بھی تھی تو شرافت اساس تھی
اب دوستی کے نام پہ سب ہیں مفاد کوش

جاری ہیں کاروبارِ سیاست عوام کے
دن میں سفید پوش ہیں شب میں نقاب پوش

مذہب کے نام پر ہیں دُکانیں کھُلی ہوئی
کچھ تاجرانِ قوم ہیں، کچھ ہیں خُدا فروش

وہ انتشار نظمِ گلستاں میں آگیا
اب خیر سے کسی کو نہیں ہے کسی کا ہوش

شوق ان سے رسم و راہ برابر تو ہے مگر
وہ بھی اُدھر خموش ہیں ہم بھی اِدھر خموش

٦٩

چاک دل ہو کوئی یا خاک بسر کیا ہوگا
جس کو احساس نہیں اس کو اثر کیا ہوگا

حاصلِ درد، بجُز دیدۂ تر کیا ہوگا
نہیں معلوم یہاں اپنا گزر کیا ہوگا

پہلے آغازِ شبِ غم تو سمجھ میں آئے
بعد کی بات ہے ہنگامِ سحر کیا ہوگا

دیکھ کر رنگِ جہانِ گزراں حیراں ہوں
جب یہ عالم ہے اِدھر کا تو اُدھر کیا ہوگا

زندگی ذوقِ سفر ترک نہیں کر سکتی
سوچ کر کیا کروں انجامِ سفر کیا ہوگا

آپ تو خیر سے برسات کا سورج ٹھہرے
ہم غریبوں کی اُمیدوں کا مگر کیا ہوگا

اس سے تو روح سنورتی ہے نظر بنتی ہے
کوئی جلوہ بھی تیرا صرفِ نظر کیا ہوگا

دُور تک وقت کی راہوں میں اندھیرا ہے ابھی
دل نہ سلگے تو چراغوں کا اثر کیا ہوگا

زندگی اور سکوں، ایک کھلا دھوکا ہے
سانس جب تک ہے کشاکش سے مفر کیا ہوگا

خونِ دل کا نہ ہو تعمیر میں جب تک شامل
معتبر کوئی بھی اندازِ نظر کیا ہوگا

وقت کے ساتھ چلے جاتے ہیں جانے والے
سُوچتے رہتے ہیں سب زندگی بھر کیا ہوگا

شوقؔ، آزارِ طلب، فطرتِ دل ہے اپنی
لاکھ ہم چاہیں گے آرام مگر کیا ہوگا

(طرحی مشاعرہ، مغل پورہ)

۷۰

○

نہ ہوں کیوں دیدہ و دل شادماں ان کے نظاروں سے
سہارا کس کو کہتے ہیں یہ پوچھو بے سہاروں سے

زمانہ شان کی کیونکر نہ لے آفت کے ماروں سے
کہ موجیں خود کو وابستہ نہیں رکھتیں کناروں سے

شعورِ دید ہو تو تیرگی بھی کام کی شئے ہے
کہ ملّاحوں کو منزل کا پتہ ملتا ہے تاروں سے

اندھیروں کا اثر بیدار بختوں پر نہیں ہوتا
یہ نکتہ صاحبانِ دل پہ روشن ہے ستاروں سے

تیرے جلوے سلامت، ہر قدم گلشن کھلا لوں گا
مجھے لینا ہی کیا ہے دشتِ امکاں کی بہاروں سے

۷۱

بسا اوقات ان کی یاد میں ایسا بھی ہوتا ہے
نظر تاروں پہ رہتی ہے گزر جاتا ہوں تاروں سے

یہ حُسنِ یادگارائے چرخ ہے کن پاک قدموں کا
کہ تو نے رہ گزر اب تک سجا رکھّی ہے تاروں سے

بہر صورت میں جلوہ دیکھتا ہوں حُسنِ معنیٰ کا
نہ پھولوں سے کوئی مطلب نہ دلچسپی ستاروں سے

سیہ پوشاک ہو تو حُسن کا رنگ اور کھُلتا ہے
برستا ہے شبِ دیجور کیا کیا نُور تاروں سے

نظارے چاہتے ہیں شوق جب نظروں کو اُلجھانا
بچا لیتا ہوں دامانِ نظر اپنا نظاروں سے

۷۲

○

کچھ رہ گئی کوتاہی کیا دل کی تباہی میں
بے نام کمی سی ہے اُس نیم نگاہی میں

خود ہم کو تأمل ہے اب اپنی تباہی میں
معصومیت اتنی ہے شرمندہ نگاہی میں

یہ دن کا اُجالا تو ہر نقش چھپاتا ہے
کھلتے ہیں کئی چہرے راتوں کی سیاہی میں

ہر آدمی ملتا ہے کتنے ہی لباس اوڑھے
تفریق بھی مشکل ہے اب رہزن و راہی میں

تم دل میں جفاؤں کی حسرت نہ رکھو باقی
رُسوائے زمانہ ہیں ہم، دردِ پناہی میں

حالات سے بھی نفرت ماحول سے بھی یاری
کیا کیا نہیں یاروں کی شائستہ نگاہی میں

کچھ ہم تری نظروں میں رہ کر بھی نہیں رہتے
کچھ کم نگہی تیری داخل ہے ادا ہی میں

شوق ایک ہنسی سب کچھ دامن میں چھپاتی ہے
چھپتا نہیں کوئی غم اشکوں کی گواہی میں

۷۳

سب کا اندازہ نہ کر چاک گریبانوں سے
بعض افسانے الگ ہوتے ہیں عنوانوں سے

شانِ غم پوچھیے اُن سوختہ سامانوں سے
گلشنوں سے جنھیں مطلب نہ بیابانوں سے

جانے اب فطرتِ آزاد ہے کس منزل میں
کوئی آواز ہی آتی نہیں زندانوں سے

کتنے طوفاں ہیں کہ اُٹھتے ہیں مٹانے ہم کو
اور ہم ہیں کہ گزر جاتے ہیں طوفانوں سے

آج تک نفع کی صورت نہیں دیکھی جس نے
تم ڈراتے ہو اُسے کون سے نقصانوں سے

نازشِ اہلِ چمن اس کے سوا کیا کرتی
مُفت میں بعض چمن ساز گئے جانوں سے

عظمتِ اہلِ جنوں کیا ہے تمہیں کیا معلوم
ہوشمندوں کو نظر ملتی ہے دیوانوں سے

یہ کہیں آپ کی بے نام ادائیں تو نہیں
کچھ فسانے ابھی محروم ہیں عنوانوں سے

کی ہے ہر شعبہ میں یاروں نے وہ خانہ بندی
غیر ممکن ہے کہ نکلے کوئی اُن خانوں سے

کتنے احساس بیک وقت اُبھر آتے ہیں
جب گزرتا ہوں محبت کے شبستانوں سے

۷۴

گھُل گیا زہر فضاؤں میں گلستانوں کی اب تو ویرانے ہی اچھے ہیں گلستانوں سے

عشق میں شوقؔ کہاں سُود وزیاں کی باتیں

ہار جیت اپنی ہوئی اپنے ہی ارمانوں سے

[طرحی مشاعرہ سالانہ یادِ سَرِیمینُ السلطنت مہاراجہ کشن پرشاد شادؔ۔ ۱۹۵۰ء]

بڑی ٹھنڈی سزا دی وقت نے راحت پسندی کی
جو گھبراتے تھے مرنے سے وہ اب جینے سے ڈرتے ہیں

لباس اچھا ہو تو لازم نہیں کردار اچھے ہوں
بہت کم لوگ اس معیار پر پورے اُترتے ہیں

سہی جاتی ہے ہر آفت مگر دیکھی نہیں جاتی
کسی مرتے ہوئے کو دیکھ کر ہم پہلے مرتے ہیں

طلب کی رہ میں سستانا بھی آفت مول لینا ہے
کمر کھُلتی ہے تو رہ رہ کے اندیشے اُبھرتے ہیں

۷۵

○

سب کو بہ احتیاطِ نظر دیکھتے نہیں　　ہم دیکھتے اُدھر ہیں جدھر دیکھتے نہیں
مُوسم مزاج لوگوں کا ذوقِ نظر ہی کیا　　سیپی کو دیکھتے ہیں گُہر دیکھتے نہیں
کب تک یہ چاکِ جیبؔ و گریباں کے تذکرے　　اہلِ جنُوں تو چاکِ جگر دیکھتے نہیں
شعلوں کو کیا سمجھ کے ہوا دے رہے ہیں آپ　　شعلے اُٹھے تو کس کا ہے گھر دیکھتے نہیں
ہم وہ چراغِ انجمنِ کائنات ہیں　　جب تک بھی زندگی ہے سحر دیکھتے نہیں
جن کی نظر بلند ہے ہر امتیاز سے　　کانٹوں کو چھوڑ کر گُلِ تر دیکھتے نہیں۔
دولت ہے جس کے پاس وہ سب کچھ ہے آجکل　　لوگ اب متاعِ علم و ہُنر دیکھتے نہیں
ان کے سوا کسی کی یہ شانِ نظر کہاں　　سب کچھ نگاہ میں ہے مگر دیکھتے نہیں
جس سمت کچھ نہیں ہے اُدھر دیکھتے ہیں سب　　اور دیکھنا جدھر ہے اُدھر دیکھتے نہیں

کتنی سبک خرام ہے شوقؔ اپنی زندگی
راہوں میں تک غبارِ سفر دیکھتے نہیں۔

٧٦

○

دَیر و حرَم سے کام نہ کوئے بتاں سے ہے
وابستہ زندگی ترے دردِ نہاں سے ہے

آغازِ دردِ عشق نہ پوچھو کہاں سے ہے
یہ بات ماوراءِ غمِ شرح و بیاں سے ہے

کتنے مزے سے اہلِ فنا کی گزر گئی
جو قید ہے تعین نام و نشاں سے ہے

کب سے ہوں غم نصیبِ محبت نہ پوچھیئے
یہ دیکھیئے کہ سلسلۂ غم کہاں سے ہے

واقف مزاجِ گُل سے نہ رنگِ بہار سے
کہنے کو تو لگاؤ گُل و گلستاں سے ہے

۷۷

دُنیا ہے خود فریب، اُمید اس سے کیا رکھیں
کچھ آس ہے تو صرف تیرے آستاں سے ہے

جو آشنا ہو جلوۂ صد رنگ سے ترے
کیا کام اس کو فرق بہار و خزاں سے ہے

گلچیں، قفس، بہار، خزاں، برق، آندھیاں
کتنوں کا نام ایک میرے گلستاں سے ہے

جس پر حقیقتِ سفرِ زندگی کھُلی
وہ کارواں میں رہ کے الگ کارواں سے ہے

سَو آشیاں چمن میں رہیں تو رَہا کریں
جو اختلاف ہے وہ میرے آشیاں سے ہے

رُودادِ زندگی بھی ہے اپنی عجیب شوقؔ
ہر شخص بدگمان میری داستاں سے ہے

۷۸

تلخیِ غم کا جب احساس جواں ہوتا ہے
بعض خوشیوں پہ بھی صدموں کا گماں ہوتا ہے

کچھ نہ ہو کر بھی متاعِ دل و جاں ہوتا ہے
ہائے وہ درد جو نغموں کی زباں ہوتا ہے

سب کے چہروں پہ شرافت کا نشاں ہوتا ہے
آدمی کتنے لباسوں میں نہاں ہوتا ہے

زہرِ غم مُدتوں جذبِ رگِ جاں ہوتا ہے
تب کہیں جا کے تبسم بھی فغاں ہوتا ہے

کربؔ الفاظ میں محدود کہاں ہوتا ہے
دل سلگتا ہے تو چہرہ بھی زباں ہوتا ہے

اُڑ گئی خاکِ نشیمن بھی چمن سے، لیکن
آج تک دل میں نشیمن کا دھواں ہوتا ہے

بار ہوتی ہے تسلی بھی وفورِ غم میں
زخم گہرا ہو تو مرہم بھی گراں ہوتا ہے

کچھ عجب رکھتے ہیں ذہن اپنا زمانے والے
دل میں جو ہوتا ہے وہ لب پہ کہاں ہوتا ہے

تم لگاوٹ سے ذرا دیکھ لیا کرتے ہو
دیکھنے والوں کو کیا کیا نہ گماں ہوتا ہے

آپ واقف نہیں اِس فن سے تو کیا سمجھیں گے
کتنی قبروں کا بدل ایک مکاں ہوتا ہے

زندگی دل کی ہے مانوسِ تغیّر کتنی
عیشِ یکساں بھی طبیعت پہ گراں ہوتا ہے

مرحلے ایسے بھی نازک کبھی شوقؔ آتے ہیں
ایک پل ایک جہانِ گزراں ہوتا ہے

۷۹

○

رہِ اُلفت میں جب ترکِ توسُّط کا مقام آیا
نہ دنیا میرے کام آئی نہ میں دُنیا کے کام آیا

اسیری کی فضا کس درجہ حسرت خیز ہوتی ہے
نشیمن کا تصور بھی جو آیا نا تمام آیا

ہماری ذات سے ہے کتنی دلچسپی زمانے کو
ہمیشہ زیرِ غور آیا تو بس اپنا ہی نام آیا

وفا کی راہ میں آسانیوں کا ذکر ہی کیا ہے
یہاں جو بھی مقام آیا بڑا مشکل مقام آیا

نشہ کیسا، نہیں احساس تک کچھ تلخیٔ مے کا
کہیں کس سے کہ کیا گزری جہاں گردش میں جام آیا

۸۰

وصالِ دوست کی منزل نہیں معلوم کب آئے
مقامِ ہوش سے گزرے تو حیرت کا مقام آیا

زمانے پر عیاں ہونے کو تھا رازِ الم میرا
تیرا انجان ہو جانا بھی کس موقع پہ کام آیا

نہ جانے وقت کی تبدیلیاں کیا کیا دکھاتی ہیں
چمن والوں کے ہاتھوں اب چمن کا انتظام آیا

وفورِ شوق میں انسان خود کو بھول جاتا ہے
تم آئے سامنے تو جب سمجھ میں یہ مقام آیا

اُصولِ میکدہ ایسے بنا رکھے ہیں ساقی نے
جو نکلا بے خبر نکلا جو آیا تشنہ کام آیا

شکایت کی بھی گنجائش کہاں ہے شوقؔ پھولوں کو
خزانِ زندگی بن کر بہاروں کا پیام آیا

(طرحی مشاعرہ سالانہ بزم ضامن کنتوری)

۸۱

○

دل کے زخموں کی ہنسی ہے چشمِ تر کی روشنی
پھیلتا ہے درد بڑھتی ہے نظر کی روشنی

کون جانے اس فضا میں کتنے دل سلگے بجھے
ایک ٹھنڈی آگ ہے گُلہائے تر کی روشنی

زندگی کی ظلمتیں شمعوں سے کیا ہوں سرنگوں
خونِ دل جلتا ہے تو ہوتی ہے گھر کی روشنی

آج ساقی شعلۂ رخسار بھر دے جام میں
چُبھ رہی ہے آنکھ میں شمس و قمر کی روشنی

ہم تیرے ہوتے، غمِ دوراں سے کیا جی ہارتے
جتنے گہرے تھے اندھیرے اُس قدر کی روشنی

روشنی کا کیا تصور تیرے چھُٹ جانے کے بعد
جانے والے ساتھ لیتا جا نظر کی روشنی

وقت کی کروٹ پہ اُکھڑے ہر اُجالے کے قدم
پھر بھی ہیں کچھ نقشِ پا ہر رہگزر کی روشنی

آج کیوں محرومِ اطمینانِ دل ہے آدمی
ہر زمانے میں رہی علم و ہُنر کی روشنی

کر گئی بے رہ روی نظروں کی ذہنوں کو تباہ
اندرونِ در بھی ہے بیرونِ در کی روشنی

وہ بھی نکلی تیرے ہی جلووں کا اک عکسِ جمیل
ہم سمجھتے تھے جسے قلب و نظر کی روشنی

۸۲

زندگی میں تجھ کو کس بنیاد پر اپنی کہوں
تیرگی تک بھی نہیں اپنی کدھر کی روشنی

دم بخود ہوں دیکھ کر تعبیرِ خوابِ آرزو
ہر سحر ہے ایک اُمیدِ سحر کی روشنی

ہر تعیّن میں لطافت ہے تعیّن سے بَری
نکہتِ گُل، نشّۂ صہبا، نظر کی روشنی

تیرگی میں پھیلتی ہیں پُتلیاں آنکھوں کی شوق
چھین لیتی ہے ہوس، فکر و نظر کی روشنی

کھل کے آئے سامنے دشمن بہت ناداں تھے
دوست دانا تھے جو آخر تک نہ پہچانے گئے

نظر نے کھائے ہیں اتنے فریب اُجالوں کے
کہ اب سحر پہ یقینِ سحر نہیں ہوتا

۸۳

زُلفِ دَوراں ہے کہاں سایہ فگن میرے بعد
مُنتظر دیر سے ہیں دار و رَسن میرے بعد

کس کو دلبستگیٔ غم کا سلیقہ سونپوں
سوچتا ہوں کہ نہ مر جائے یہ فن میرے بعد

میں زمانے سے اُٹھا رسمِ وفا کی صورت
پھر نہ اُبھری کسی ماتھے پہ شکن میرے بعد

میرے دم تک تو زرِ گل کی بھی قیمت نہ اُٹھی
خاک کے مول گئی ارضِ چمن میرے بعد

ہوشمندی کی سزا دے نہ کسی کو یا رب
دَم بخود پہلے سے ہیں اہلِ وطن میرے بعد

بزمِ ہستی ہے کہ اک بولتا سناٹا ہے
آ گئی وقت کی سانسوں میں گھٹن میرے بعد

میں روشِ سازِ زمانہ ہوں تو یہ عالم ہے
دیکھیے کیا ہو زمانے کا چلن میرے بعد

مل ہی جائے گا کوئی ظرف و نظر کا مارا
دل شکستہ نہ رہیں رنج و محن میرے بعد

وقت نے ذہنیتیں کتنی بدل ڈالی ہیں
بجلیاں تک ہیں ہوا خواہِ چمن میرے بعد

مجھ پہ ہنستا ہے زمانہ تو کوئی بات نہیں
رنگ لائے گی میرے دل کی جلن میرے بعد

موت برحق ہے مگر شوقؔ یہ منظور نہیں
اُن کے چہرے پہ ہو صدمے کی تھکن میرے بعد ۔

(طرحی مشاعرہ بزمِ جیون)

۸۴

آتی ہوئی دل تک وہ نظر ٹھہر گئی ہے
ظلمت کے کنارے پہ سحر ٹھہر گئی ہے

راہی تیری منزل کے کہیں بھی نہیں ٹھہرے
تھک تھک کے ہر اک راہ گزر ٹھہر گئی ہے

مَیں مرضیِ یاراں کے مطابق نہیں شاید
ہر تہمتِ بیجا میرے سر ٹھہر گئی ہے

رُخصت تو کیا ہنستے ہوئے ہم نے کسی کو
اک پل کے لئے سانس مگر ٹھہر گئی ہے

چُپ رہ کے بھی دیکھیں گے ذرا اپنا تماشا
فریاد تو محرومِ اثر ٹھہر گئی ہے

دیوانوں پہ راہوں کا تعین بھی گراں تھا
دیوانگی خود شرطِ سفر ٹھہر گئی ہے

چہرے تو ہزاروں تھے گزرگاہِ نظر میں
کیا جانے کہاں جا کے نظر ٹھہر گئی ہے

کرتے ہیں لہو بیچ کے شوق اپنا گزارا
یہ قسمتِ اربابِ ہنر ٹھہر گئی ہے

۸۵

○

نئی سحر کی تلاش کن منزلوں میں لائی ہے آدمی کو
نظر اُجالوں کے شہر میں رہ کے بھی ترستی ہے روشنی کو

سکون میخانے میں کہاں کا، مگر چلو پھر بھی دو گھڑی کو
فریب کھانا ہے زندگی کا فریب دینا ہے زندگی کو

تضادِ فطرت نہ ہے حُسنِ فطرت، یہ کیسے سمجھائیں ہر کسی کو
سبھی پرستارِ روشنی ہوں تو کون چاہے گا تیرگی کو

خزاں کی رُت ہے نہ موسمِ گُل، یہ فصل کیا اس کا نام کیا ہے
چمن چمن گُل کھِلے ہیں لیکن ترستے ہیں دل شگفتگی کو

فضائے زنداں بدل کے رکھ دیں اگر ذرا بس چلے ہمارا
مگر کریں کیا، سمجھ رہے ہیں تمہاری نظروں کی خامُشی کو

۸۶

ہمی وہ گمراہ جستجو ہیں جو عظمتِ غم کی آبرو ہیں
ملیں بھی دیر و حرم کہیں تو سلام کر لیں گے بندگی کو
ہنسی کی اک عُمرِ مختصر میں بِکھر گئے تار و پودِ ہستی
مذاق سمجھے ہوئے تھے کچھ نَو دمیدہ غنچے میری ہنسی کو
غمِ محبت کی لذّتیں، قربتوں سے بڑھ کر ہیں دُوریوں میں
کہ دُوریاں برقرار رکھتی ہیں شوقؔ، جذبوں کی تازگی کو

کسی کی بھی نہ کی پرواہ بوقتِ واپسیں میں نے
جب آنکھوں میں تم آئے سب سے آنکھیں پھیر لیں میں نے
نظر کو دُور تک ملتی ہیں راہیں بعض جلووں سے
کہ جیسے اس سے پہلے اُن کو دیکھا ہے کہیں میں نے

۸۷

○

ہر تباہی کو تصور سے زیادہ دیکھا　　　دیکھنا سب سے بڑا جرم نظر کا دیکھا

ہم نے ایسا بھی بہاروں کا زمانہ دیکھا　　　پھول دامن میں تھے اور سینہ میں صحرا دیکھا

تم کتابوں میں ہی پڑھتے رہے انسانوں کو　　　دل میں اُترے نہ کبھی حال کسی کا دیکھا

اک مُرقع ہوں میں دم توڑتی تہذیبوں کا　　　ناشناسوں نے مجھے دیکھ کے بھی کیا دیکھا

وقت کا آئینہ ہاتھوں میں لیئے پھرتا ہوں　　　سب کے چہروں پہ مفادات کا چہرہ دیکھا

ہوشمندی نے سزا دی ہمیں بینائی کی　　　خواب میں بھی جو نہ سوچا تھا وہ صدمہ دیکھا

آج جینے کے تصور پہ ہنسی آتی ہے　　　زندگی ہم نے تیرا راستہ اتنا دیکھا

اتنے دیکھے ہیں زمانے کے تماشے ہم نے　　　یہ بھی اب یاد نہیں ہے کہ کہاں کیا دیکھا

ہاتھ بڑھتے نہیں مانگے کا اُجالا لینے　　　ہم نے دل اپنا جلایا تو اُجالا دیکھا

اس قدر شدتِ اخلاص بھی اک آفت ہے　　　شہر لُٹتا رہا، یاروں نے تماشا دیکھا

شوقؔ اس واسطے معتوب ہیں ہم دُنیا کے
کبھی اپنے کو نہ دلدادۂ دُنیا دیکھا

(طرحی مشاعرہ اُردو گھر مغل پورہ)

۸۸

○

تم نے انجامِ گلشن بھی سوچا کبھی اُے بنامِ بہاراں" خزاں دوستو"

ہر روِش ہے لہو میں نہائی ہوئی ہر طرف ہے دھواں ہی دھواں دوستو

حادثوں کی طرح وقت کے ساتھیو، درد و غم جیسے آرامِ جاں دوستو

کیسے کیسے لباسوں میں ملتے ہو تم چشمِ احساس ہے خوں فشاں دوستو

پستیٔ عزم بڑھ کر نہ ہو راہزن، لے نہ ڈوبے کہیں راستے کی تھکن

تیز اُٹھاتے چلو حوصلوں کے قدم وہ رہے منزلوں کے نشاں دوستو

عیش کوشی سے تم کو فراغت کہاں ہم کو حالات سے اتنی فرصت کہاں

لاکھ نزدیک ہونے کے باوصف بھی فاصلے کتنے ہیں درمیاں دوستو

منقلب ہو گئی جب فضائے چمن خوابِ غفلت سے جاگے ہیں اہلِ چمن

آج سب کو یہ احساس ہونے لگا لالہ و گل سے ہے گلستاں دوستو

۸۹

کون کس حال میں ہے تمہیں کیا خبر زندگی بن گئی کتنے زخموں کا گھر

تم تو چہروں پہ رکھتے ہو اپنی نظر تم دِلوں کے کہاں راز داں دوستو

کارفرما ہو ذہنی تحفّظ جہاں ایک سے ایک جب دل میں ہو بدگماں

ایسی محفل سجانے سے کیا فائدہ اور جس سے بڑھیں دُوریاں دوستو

لوگ کہتے ہیں کچھ اور کرتے ہیں کچھ سامنے کچھ ہیں اور پیٹھ پیچھے ہیں کچھ

زندگی وقت کے ساتھ چلتے ہوئے آگئی ہے کہاں سے کہاں دوستو

ابتدا ہے ابھی انقلابات کی دیکھتے جاؤ ہوتا ہے کیا کیا ابھی

ہم پہ جو کچھ بھی گزری سو گزری مگر وقت تم سے نہ لے امتحاں دوستو

وہ شرافت وہ تہذیب وہ رسم و رہ شہر میں کیا بچا ہے بتاؤ ذرا

جھومتے گاتے موسم تو رخصت ہوئے رہ گئی اب خزاں ہی خزاں دوستو

دیدہ ورِ شوق جتنے بھی آئے گئے سب بقدرِ بساط آزمائے گئے

ہر زمانے میں ہوتا رہا ہے یہی آج بھی ہو رہا ہے یہاں دوستو

(طرحی مشاعرہ یادِ مخدوم محی الدین)

۹۰

دل تو پھولوں سے بہ تحریکِ غمِ دل باندھا
ہم نے گلشن سے مگر خود کو بمشکل باندھا

وقت و حالات نے ماحول عجب ہی باندھا
قتل گاہوں نے سماں صورتِ محفل باندھا

باندھتے کیا تھے تعلق کے یہ رشتے ہم کو
جبرِ فطرت ہے کہ بے طوق و سلاسل باندھا

کون پہنچا ہے سرِ منزلِ ہستی اب تک
جو جہاں رہ گیا تھک کر اُسے منزل باندھا

تم سے روکا نہ گیا ہاتھ کسی قاتل کا
جب بھی باندھا ہے فقط بازوئے بسمل باندھا

آزمانا تھا میرے ذوقِ نظر کو شاید
ہر جگہ اس نے نیا پردۂ حائل باندھا

ہم نے جب سے تیری راہوں میں قدم رکھا ہے
کسی منزل کا تصور بھی بمشکل باندھا

غیر اگر سازشیں کرتے تو کوئی بات بھی تھی
مورچہ اپنوں نے اپنوں کے مقابل باندھا

قدم قافلۂ عمر ہیں سانسیں کیا ہیں
بے ارادہ بھی ملا ہر کوئی "محمل باندھا"

خونِ مقتول میں کیا شانِ رواداری تھی
چشمِ انصاف نے قاتل کو نہ قاتل باندھا

زندگی شوق ہماری بھی عجب گزری ہے
دل اُٹھایا نہ زمانے سے کبھی دل باندھا

(طرحی مشاعرہ جشنِ حضرت بشیر کرنولی)

۹۱

نہ کوئی جادہ نہ منزل تلاش کرتی ہے   نظر حیات کا حاصل تلاش کرتی ہے

کرم کی آنکھ نہیں دیکھتی لباسوں کو   خلوصِ نیّتِ سائل تلاش کرتی ہے

خیال آتا ہے فطرت کو جب سنورنے کا   جو غم سے چُور ہو وہ دل تلاش کرتی ہے

نہ جانے کب سے سفر زندگی کا جاری ہے   صدائے دل ابھی منزل تلاش کرتی ہے

ہر انجمن ہے یہاں اعتبارِ تنہائی   نگاہ پھر تری محفل تلاش کرتی ہے

تم اپنے واسطے آسانیاں تلاش کرو   مجھے تو ہر نئی مشکل تلاش کرتی ہے

غمِ حیات سے چہرے کچھ اتنے فارغ ہیں   خوشی حدودِ غمِ دل تلاش کرتی ہے

تلاش رہتی ہے ہر اک کو اپنی منزل کی   وہ اور ہیں جنھیں منزل تلاش کرتی ہے

چمن کے رنگ میں شوق آ گئی کمی شاید
بہارِ خونِ عنادل تلاش کرتی ہے

۹۲

مئے میں سرور، ساز میں نغمہ دکھائی دے — ہو دیکھنے کا ہوش تو کیا کیا دکھائی دے

جس پر نقاب مصلحتِ وقت کے نہ ہوں — لاکھوں میں کوئی ایک تو چہرہ دکھائی دے

اتنا بھی التفات نہ کیجے غریب پر — میرا وجود تک مجھے دھوکا دکھائی دے

ہوشِ نظر کا نام نہیں چشمِ ظاہری — اندھوں کو روشنی بھی اندھیرا دکھائی دے

سب کچھ ہیں دوسروں کے لئے اہلِ حوصلہ — دریا خود اپنے واسطے پیاسا دکھائی دے

آتے ہیں کیسے کیسے ترنّم شناس لوگ — ہر بزمِ شعر ایک تماشا دکھائی دے

کن قاتلانِ شہر سے ہے اپنا سابقہ — انداز سے ہر ایک مسیحا دکھائی دے

مقتل نگاہ و فکر کے یوں ہیں سجے ہوئے — دیکھے کوئی تو بزمِ تمنّا دکھائی دے

دامن بہار اپنا کہاں تک بچائے گی — ہر شاخِ گل کے ہاتھ میں شعلہ دکھائی دے

اتنے نہ پاس آؤ کہ کچھ بھی نظر نہ آئے — دُوری نہ ہو تو کیا کوئی جلوہ دکھائی دے

ارضِ دکن سے اُٹھ گئے شوقؔ اہلِ علم و فن
"ہر کس بہ زعمِ خویش اکیلا دکھائی دے

۹۳

○

برہم ہیں سارے خواب ذرا دیکھ کر چلو		ہے دَورِ انقلاب ذرا دیکھ کر چلو
وہ دھوپ ہے کہ سائے کا کوسوں پتہ نہیں		سر پر ہے آفتاب ذرا دیکھ کر چلو
سب مصلحت پسند ہیں سب حق شناس ہیں		یہ ہے نیا نصاب ذرا دیکھ کر چلو
دینے لگے ہیں آج سمندر بھی تشنگی		بے سمت ہیں سراب ذرا دیکھ کر چلو
کب تک فقط نقاب پہ ٹھہری رہے نظر		کیا ہے پسِ نقاب ذرا دیکھ کر چلو
آتا نہیں سمجھ میں لباسوں سے آدمی		کس کا ہے کیا حساب ذرا دیکھ کر چلو
شاید حیات صرف عذابوں کا نام ہے		ہر سانس ہے عذاب ذرا دیکھ کر چلو
چلنے کے واسطے سبھی مجبور ہیں مگر		فتنے ہیں ہم رکاب ذرا دیکھ کر چلو

تیور ہیں شوقؔ وقت کے بدلے ہوئے بہت
حالات ہیں خراب ذرا دیکھ کر چلو

۹۴

○

لفظ تو لفظ ہیں لہجے میں کہاں ہیں کچھ لوگ
مسکراتے ہوئے زخموں کی زباں ہیں کچھ لوگ

راہ کا نقش نہ منزل کا نشاں ہیں کچھ لوگ
وقت کی طرح رواں ہیں نہ رواں ہیں کچھ لوگ

مدتوں بعد بہار آئی تو کیا آئی ہے
سوئے گلزار بہ حیرت نگراں ہیں کچھ لوگ

تم کو نزدیک سے دیکھا تو یہ باور آیا
واقعی کتنے حسیں دشمنِ جاں ہیں کچھ لوگ

رُخِ حالات پہ ہیں وقت کے گہرے پردے
ورنہ اندازے سے بڑھ کر بھی یہاں ہیں کچھ لوگ

ذہن ہر بات میں رکھتے ہیں سیاسی اپنا
آدمی کیا ہیں سیاست کی دکاں ہیں کچھ لوگ

رونقِ دیر و حرم کم نہیں اب تک لیکن
بات کیا ہے کہ یہاں ہیں نہ وہاں ہیں کچھ لوگ

اس طرف دیکھ کر اے موسمِ گُل بار آنا
نازپروردۂ بیدادِ خزاں ہیں کچھ لوگ

غلطی شوق کسی کی نہیں" وقت ایسا ہے"
کچھ نہ کچھ کہنے پہ مامور یہاں ہیں کچھ لوگ

[طرحی مشاعرہ ایوانِ اردو]

۹۵

○

کچھ مُلتفت رہی نگہِ یار دیر تک ممکن ہوا نہ درد کا اظہار دیر تک
دل سے گئی نہ حسرتِ دیدار دیر تک وہ سامنے اگرچہ تھے ہر بار دیر تک
چھُٹ کر چمن سے ربطِ چمن اور بڑھ گیا پھرتے رہے نظر میں گل و خار دیر تک
خمیازۂ شعورِ نظر تھیں تجلّیاں رہنا پڑا ہے نقش بہ دیوار دیر تک
جب بھی فضا میں سازشِ برق و شرر ہوئی ہم دیکھتے رہے سُوئے گُلزار دیر تک
شاید حیات، نام اِسی کشمکش کا ہے آرام دیر تک ہے نہ آزار دیر تک
جاڑوں کی نرم دھوپ ہے، وہ گرمیٔ بدن جی چاہتا ہے تابشِ انوار دیر تک
گزرے جہاں جہاں سے ترے کُشتگانِ غم پائے گئے حیات کے آثار دیر تک
سجدوں کے نقش سے تو چمکتی رہی جبیں اُترا نہ سر سے نشۂ پندار دیر تک
دعوے وفا کے تھے کہیں بُوئے وفا نہ تھی دیکھ آئے لوگ کوچہ و بازار دیر تک

سَرما کا زخم، شوقؔ، ضعیفی کی چوٹ ہے
کم ہونے پر بھی رہتا ہے آزار دیر تک

٩٦

ترے غم کے سِوا کوئی بھی غم دلکش نہیں ہوتا
مگر اِس راستے کا اک قدم دلکش نہیں ہوتا

ہمارا ظرف ہے ہنستے ہوئے پی لیتے ہیں آنسو
لہو رونے کا فن اے چشمِ نم دلکش نہیں ہوتا

زمانے کی نگاہیں چڑھتے سُورج پر ہی رہتی ہیں
غرُوبِ مہر کا عالم بھی کم دلکش نہیں ہوتا

ابھی رنگینیاں رہنے دو دُنیا کے فسانوں میں
کھُلا تو بند مٹھی کا بھرم دلکش نہیں ہوتا

نہ جانے نُور سے کیا سلسلہ ہے ظلمتِ شب کا
ستاروں کا اُجالا صُبحدم دلکش نہیں ہوتا

نظر والوں کا مسلک ہی الگ دُنیا الگ اُن کی
یہاں افسانہ دیر و حرم دلکش نہیں ہوتا

بڑی رنگین ہوتی ہے ہوَس کی محفل آرائی
جنوں کا جادۂ پُرپیچ و خم دلکش نہیں ہوتا

نگاہ و فکر کی تہذیب اِسی پردے میں ہوتی ہے
بظاہر منظرِ شامِ الم دلکش نہیں ہوتا

زمانے کے تماشے دلکشی میں خوب ہیں لیکن
تماشے دیکھنے والا بھی کم دلکش نہیں ہوتا

ہر اک واقف کہاں شوق اُن کی شانِ دلنوازی سے
ستم دلچسپ ہوتا ہے کرم دلکش نہیں ہوتا

۹۷

○

خاموش رہے ساز تو کب نغمہ جُدا ہے　　　پیدائی کا احساس ہی تحریکِ فنا ہے

کس موڑ پہ اب قافلۂ فکر رسا ہے　　　شہروں میں قدم، ذہن میں صحرا کی فضا ہے

بے ربطِ نظر بھی ہمیں گلشن کا پتہ ہے　　　پھولوں میں لگی آگ دُھواں دل سے اُٹھا ہے

بدلی نظرِ وقت تو پلٹا نہیں کرتی　　　حالات بدل جاتے ہیں حالات کا کیا ہے

منزل فقط اک نام ہے تسکینِ طلب کا　　　اس راہِ مُسلسل میں ٹھہرنا بھی خطا ہے

اُمید رکھیں کس سے بھروسہ کریں کس پر　　　یاروں کا چلن کیا ہے زمانے کی ہوا ہے

جو ہاتھ کبھی برق کے شعلوں سے نہ جُھلسا　　　وہ ہاتھ کبھی پھول کی ٹھنڈک سے جلا ہے

ٹھہرے ہوئے طوفاں کی علامت ہے تبسّم　　　رِستے ہوئے زخموں کا نظر نام پڑا ہے

رکھتے ہیں پر و بال ہی طائر کو قفس میں　　　بے پر جو ہے صیاد کے گھر میں بھی رہا ہے

تاریکیٔ زنداں میں کٹی عُمر، مگر شوقؔ
آنکھوں میں وہی شہرِ نگاراں کی فضا ہے

(طرحی مشاعرہ محبوب نگر)

۹۸

○

غم سکھا دے گا مجھے دل کی زباں ہو جانا تم ذرا اور قریب رگِ جاں ہو جانا

دل کے نغموں کو مبارک ہو فغاں ہو جانا میری عظمت ہے میرا درد بجاں ہو جانا

مُدّتوں میں وہ اک اسلوب نظر آتا ہے جس کو کہتے ہیں تجلّی کا عیاں ہو جانا

دُور تک جا کے خیالوں میں نظر ڈوب گئی یہ ہے احساس کا چشمِ نگراں ہو جانا

غم کا اظہار نہ سمجھو میری خاموشی کو وقت کی بات ہے خوشیوں کا گراں ہو جانا

اتنی شائستگیٔ درد کہاں تھی پہلے رنگ لایا ترا آزار رساں ہو جانا

دل کی نبضوں کی طرح ڈوبنے والے تارو وہ نظر آئیں تو تم میری زباں ہو جانا

ایسے پھولوں کے لئے دل کی زمیں موزوں ہے جن کو آتا نہیں پامالِ خزاں ہو جانا

اب نظر ہے نہ حجاباتِ نظر ہیں ائے شوق
اُن کا چھپنا ہے مگر جلوہ کناں ہو جانا

۹۹

○

آدمی کم ملے کسی سے ملے
یہ ہو محسوس آدمی سے ملے

خاک میں ہم کو یوں بھی ملنا تھا
جیتے جی ہم تری خوشی سے ملے

منزلِ حق رَسی تو کیا ملتی
کچھ قرینے خود آگہی سے ملے

اپنے انداز میں نہ فرق آیا
زخم کیا کیا نہ زندگی سے ملے

گھُٹ گیا دَم، شرافتِ غم کا
اتنے الزام خامشی سے ملے

دل ہر اک سے مِلا نہیں کرتا
ہم بہت کم کسی کسی سے ملے

کون جانے تیری گلی کیا ہے
دل کے رستے تیری گلی سے ملے

کیا تلافی ہو اپنی کمیوں کی
سانس جب عُمر کی کمی سے ملے

حادثہ اس سے بڑھ کے کیا ہوگا
تم ملے بھی تو اجنبی سے ملے

شوقؔ راس آئی ہے ہنسی کس کو
پھول تک خاک میں ہنسی سے ملے

(طرحی مشاعرہ آصف نگر)

۱۰۰

بارہا سوچا کئے آ کر تیری محفل سے ہم
ہم سے منزل دُور ہے یا دُور ہیں منزل سے ہم

ہو گئے شایانِ غم شاید شکستِ دل سے ہم
رہ کے ہر محفل میں بیگانے ہیں ہر محفل سے ہم

ہے کہاں ساحل جو ملتا کشتیٔ اُمّید کو
صرف ٹکراتے رہے ہیں حسرتِ ساحل سے ہم

ہر سحر آتی ہے اُمیدوں کی اک دُنیا لیئے
شام ہوتے ہوتے رہ جاتے ہیں خود مشکل سے ہم

تم نہ آئے نور کا طوفان تھی کل چاندنی
دیر تک سلگے رہے حُسنِ مہِ کامل سے ہم

دُوریٔ منزل تو زندہ رکھتی ہے احساس کو
ہارنے والے نہیں ہیں دُوریٔ منزل سے ہم

اُن کی محفل سے نکل کر مدّتیں گزریں مگر
آج تک یہ حال ہے نکلے نہیں محفل سے ہم

اپنی ظاہرداریاں صدمرگِ خودداری ہیں شوقؔ
مانگتے ہیں زندگی کی بھیک ہر قاتل سے ہم

۱۰۱

دل ہے اُداس چُپ ہے ستاروں کی زندگی
آجاؤ بن کے درد کے ماروں کی زندگی

پُھولوں کی دلکشی ہو کہ تاروں کی زندگی
تیری نظر ہے کتنے نظاروں کی زندگی

رستے ہوں بے چراغ تو کچھ سوجھتا نہیں
یوں ہی گزر رہی ہے ہزاروں کی زندگی

جذبے ہَوس کے پلتے ہیں سامانِ عیش میں
بڑھتی ہے خار و خس میں شراروں کی زندگی

لفظوں میں آسکے گی وہ طرزِ ادا کہاں
اک خامشی ہزار اِشاروں کی زندگی

دیکھو تو ظلمتوں میں فروزاں ہیں کچھ چراغ
سمجھو تو اک پیام ہے تاروں کی زندگی

جلوے بھی چاہتے ہیں مقابل رہے کوئی
نظریں نہ ہوں تو کیا ہے نظاروں کی زندگی

دُنیا تغیّرات مُسلسل کا نام ہے
کتنی سُبک ہے وقت کے دھاروں کی زندگی

اس سے تو لاکھ درجہ خزاں میں سکون تھا
ناسور بن گئی ہے بہاروں کی زندگی

الزام یہ ہے کیوں نہ رہے آس آس میں
ہم سے خفا خفا ہے سہاروں کی زندگی

۱۰۲

ظلمت بھی نور ہے دلِ روشن سواد کو   شب میں کچھ اور ہوتی ہے تاروں کی زندگی

چَرچے گلی گلی سہی فصلِ بہار کے   تیرے بغیر کیا ہے بہاروں کی زندگی

یاد آئے شوقؔ، دورِ فراغت کے آشنا

بے رُخ ہوئی جو ہم سے کناروں کی زندگی

قریب سے بھی بمشکل سمجھ میں آتی ہے

وہ رسم و راہ بظاہر جو رسم و راہ نہیں

بہارِ جان و دل بن کر اِدھر سے کون گزرا ہے

بہت ہلکی سی اک مانوس خوشبو ہے ہواؤں میں

آدمی اپنی نظر سے آپ کھاتا ہے فریب

آئینہ اچھے بُرے کا فیصلہ کرتا نہیں

۱۰۳

لالہ و گُل کا لہُو لاکھ بہایا جائے — یہ چمن چھوڑ کے ہم سے تو نہ جایا جائے

پھر رہے ہیں سبھی چہروں پہ نقابیں ڈالے — کس کو حالات کا آئینہ دکھایا جائے

رنگ پر جشنِ بہاراں جبھی آسکتا ہے — پُھول کانٹوں میں کوئی فرق نہ پایا جائے

اپنی تہذیب ہی اخلاص و رواداری ہے — اس کو مِٹنے سے بہر حال بچایا جائے

سب برابر کے ہیں حق دار چمن سازی میں — پھر کِسے حرفِ غلط کہہ کے مِٹایا جائے

خود بخود قوم کی تقدیر سنور جائے گی — پہلے بگڑا ہوا ماحول بنایا جائے

جی رہے ہیں سبھی احساس کُچل کر اپنا — اب کسے درد کا احساس دلایا جائے

صرف ہم اُٹھ گئے اُوپر تو کوئی شان نہیں — شان تو یہ ہے کہ گرتوں کو اُٹھایا جائے

خون بستہ ہے تمنّاؤں کا، آنکھیں کیا ہیں — کون سا خواب نگاہوں میں بسایا جائے

آدمیت کے چراغوں کی لَویں تیز کرو — نہ ہوا ایسا کہ بدن چھوڑ کے سایہ جائے

منزلیں ایسی بھی ہیں فکرِ بشر سے آگے — جن کی حد میں نہ اشارہ نہ کنایہ جائے

شوقؔ دل نام تو ہے ایک چمن زخموں کا
سلسلہ اس کا مگر کس سے ملایا جائے

۱۰۴

○

کتنی مُبہم ہے زمانے کی فضا اَب کے برس
لوگ جینے سے نہ خوش ہیں نہ خفا اَب کے برس

ہم تو جیتے ہیں فقط نیک تمنّاؤں میں
آپ کیا دیتے ہیں پیغام نیا اب کے برس

وہی ہوگا جو کئی برسوں سے ہوتا آیا
اور ہونے کا ہے کیا اس کے سِوا اب کے برس

تُو ہے ساون کی گھٹا کام برَسنا ہے تیرا
کُھل کے برَسی نہیں اب تک تو ذرا اَب کے برس

لے کے نکلے تو ہیں پھُولوں کی قبا دیوانے
یہی بن جائے نہ زخموں کی رِدا اب کے برس

گئے وقتوں کے ہوئے کھیل پُرانے سارے
مشغلہ چاہیئے پھر کوئی نیا اب کے برس

۱۰۵

مرگِ انبوہ ہے جیسی بھی چلے، چلنے دے
محفلِ جشن ہو یا بزمِ عزا اب کے برس ۰

کس کو معلوم کہ کب وقت کے تیور بدلیں
کیسی چلتی ہے خدا جانے ہوا اب کے برس

جیسے رخصت ہوا یہ سال رفیقوں کی طرح
سالِ نَو ہوگا اسی طرح جُدا اب کے برس

تُو نہ موسم کی طرح آ، نہ برس جیسا جا
کچھ تو ہو جائے غریبوں کا بھلا اب کے برس

خود فریبی کی ہے انسان کو عادت ورنہ
آج تک کیا ہُوا، ہونے کا ہے کیا اب کے برس

ہوگیا سہل مداوائے غریبی کتنا
اب دوا کھائیے، تاثیرِ دوا اب کے برس

شوق سب کو ہو نیا سال مبارک لیکن رشتۂ عمر گھٹا ہے کہ بڑھا اب کے برس

(طرحی مشاعرہ سالِ نو، مغل پورہ ۱۹۸۲ء)

۱۰۶

○

کسی بھی قوم کا دنیا میں جب کردار گرتا ہے ‎ شرافت کا لہو پہلے سرِ بازار گرتا ہے
شعورِ غم، مقامِ آدمی ناچار گرتا ہے ‎ جہاں انسانیت گرتی ہے ہر معیار گرتا ہے
اندھیرے جی کہاں سکتے ہیں دامن میں اُجالوں کے ‎ مخالف سمت میں ہی سایۂ دیوار گرتا ہے
فریبِ ہوشمندی میں یہاں کتنے نہیں گرتے ‎ تعجب کیا ہے نشّہ میں اگر میخوار گرتا ہے
بلند و پست عالم میں سنبھلنا کیا ہے گرنا کیا ‎ بُرا وقت آئے تو ہشیار سے ہشیار گرتا ہے
فقط حالات کے گرنے سے انساں گر نہیں جاتا ‎ گراوٹ ذہن میں ہو جس کے وہ نادار گرتا ہے
سخن سنجوں کی کثرت نے سخن کی قدر کھو ڈالی ‎ کسی شئے کی جہاں افراط ہو بازار گرتا ہے
ہٹاتے ہیں جسے رستے کا پتھر جان کر اکثر ‎ وہی پتھر پلٹ کر ہم پہ کتنی بار گرتا ہے

بہ نامِ فکر و فن شہرت کے بھوکے شوق گرتے ہیں
نمود و نام کی خاطر کہیں فن کار گرتا ہے

۱۰۷

مزاج ان کی نظر کا وقت کے تیور سے ملتا ہے
پسِ منظر کا اندازہ ہر اک منظر سے ملتا ہے

ہر اک اُفتادِ ماضی خود نظر بنتی ہے فردا کی
عمل کی راہ میں ہر تجربہ ٹھوکر سے ملتا ہے

گزر جاتی ہیں عمریں اور پتہ تک بھی نہیں چلتا
نشانِ منزلِ مقصد بڑے چکر سے ملتا ہے

مقدر جاگ اُٹھے کون سے بربادِ ہستی کے
نگاہِ ناز کا عالم دلِ مضطر سے ملتا ہے

بدلتی رہتی ہے صورت کرم کی ہر زمانے میں
جسے جو کچھ بھی ملتا ہے تمہارے در سے ملتا ہے

خدا سے مانگنے والوں کی محرومی کو کیا کہیئے
طلب صادق رہے تو مدعا پتھر سے ملتا ہے

تیرے باغ و بہار انداز کو سمجھے گا کیا کوئی
ترا ہر ملنے والا اک نئے تیور سے ملتا ہے

نہیں معلوم کس دھوکے میں ہیں دیر و حرم والے
خدا تو پھر خدا ہے آدمی چکر سے ملتا ہے

بفیضِ دردؔ بھی ہے شوقؔ کچھ رنگینیِ معنیٰ
سخن کا سلسلہ داغِ سخن پرور سے ملتا ہے

۱۰۸

○

رکھے وہ پاؤں، حوصلہ جس کو سفر کا ہے
مقتل بھی ایک نام تیری رہگزر کا ہے

ہر سانس سلسلہ نئے زخمِ جگر کا ہے
یہ ایک دن کا درد نہیں عمر بھر کا ہے

آئینہ کیا حریفِ مقابل بنے مرا
یہ تو کمالِ فن کسی آئینہ گر کا ہے

پہلے قدم پہ ساتھ زمانے کا چھٹ گیا
انجام کیا نہ جانے ہمارے سفر کا ہے

دنیا کو یہ سلیقہ غارت گری کہاں
در پردہ سارا کھیل تمہاری نظر کا ہے

پردے ہنسی کے ڈالے ہوئے زخم دل پہ ہیں
جو اپنا حال ہے وہی گلہائے تر کا ہے

ہر ذرّہ کائنات درآغوش ہے مگر
سب سے بڑا سوال شعورِ نظر کا ہے

مہکی تری نگاہ سے خوشبو چمن چمن
چرچا زمانے بھر میں نسیمِ سحر کا ہے

آئینۂ حیات میں جتنے بھی عکس ہیں
سب فرق اپنے اپنے مذاقِ نظر کا ہے

بدلے ہوئے ہیں شوقؔ جو تیور حیات کے
ہم خوب جانتے ہیں اشارہ جدھر کا ہے

۱۰۹

اُجالے صبحِ نَو کے زندگی پر چھائے جاتے ہیں
مگر ہم ہیں کہ خود اپنے سے بھی گھبرائے جاتے ہیں

ہمیشہ دوستوں کے ہاتھ گلباری نہیں کرتے
کبھی پتھر بھی ازراہِ کرم برسائے جاتے ہیں

طبیعت رفتہ رفتہ ہو گئی مانوسِ غم اتنی
قریب آتی ہیں جب خوشیاں تو آنسو آئے جاتے ہیں

نئے میخوار کیا جانیں مزاجِ میکدہ کیا ہے
ابھی جام و سبو سے ذہن و دل بہلائے جاتے ہیں

تمہاری بے حسی بڑھ کر کہیں تم کو نہ لے ڈوبے
ہمارا کیا ہے ہم دانستہ دھوکا کھائے جاتے ہیں

ہمیں خود اپنے ہونے کا یقیں مشکل سے ہوتا ہے
اسی عالم میں کچھ ایسے بھی عالم پائے جاتے ہیں

نہ ہو کیوں راحتِ دُنیا مقدر ناشناسوں کا
سفینے کم سے کم گہرائی میں ٹھہرائے جاتے ہیں

مبارک ہو بلاؤں سے گریز اربابِ دُنیا کو
یہاں تو اہلِ دل جبراً مقابل لائے جاتے ہیں

تم اپنے کو بڑے مُنصف مزاجوں میں بتاتے ہو
ہمی اک موردِ الزام کیوں ٹھہرائے جاتے ہیں

چمن کی سیر سے بھی شوق گھبرانے کا وقت آیا
کئی شعلے گلوں کے رُوپ میں بھڑکائے جاتے ہیں

۱۱۰

عُمر بھر کیا رہ سکیں راتوں کو شرمانے کے دن
دل تو دل ٹھہرا بدل جاتے ہیں ویرانے کے دن

فصلِ گُل کیا ہے، فریبِ آرزو دکھلانے کے دن
ورنہ کیا ہر سال آتے ہیں ترے آنے کے دن

شورشوں سے تھک کے گہری نیند سوتی ہے فضا
رات کا پچھلا پہر ہوتے ہیں میخانے کے دن

عقل پابندِ رسوم اور عشق آپ اپنا اصول
جو زمانے کی ہیں راتیں وہ ہیں پروانے کے دن

لَو چراغِ درد کی کچھ اتنی اُونچی ہو چلی
آگئے اب آپ اپنے پر ترس کھانے کے دن

دل دھڑکتا ہے بہار آنے کو ہوتی ہے جہاں
جب چمن اُجڑا تھا وہ بھی تھے بہار آنے کے دن

آدمی رہتا ہے سرگرداں پئے آسودگی
گردشوں کی زندگی ہوتے ہیں پیمانے کے دن

جب سے ذہن و فکر پر پابندیاں عاید ہوئیں
یادِ ماضی بن گئے زنجیر پہنانے کے دن

خود فریبی کو کہا جانے لگا ہے زندگی
ہوش کھو بیٹھے نہ دنیا ہوش میں آنے کے دن

آپ کی ہمدردیوں پر بھی ہنسی آنے لگی
آئے ہیں نزدیک شاید پھر ستم ڈھانے کے دن

شوقؔ میخواروں کے کہنے پر کہاں جاتے ہو تم
صرف باتوں سے کہیں پھرتے ہیں میخانے کے دن

رُوح کا کرب ہے جینے کی سزا ہونے کو
ہم بھی ہیں تیری طرح خود سے جُدا ہونے کو

لاکھ ہو نشترِ غم، سینہ کُشا ہونے کو
میرا دامن نہیں پھُولوں کی قبا ہونے کو

ذوقِ پرواز سنورتا ہے گرفتاری سے
ہم تہِ دام نہیں آئے رِہا ہونے کو

آپ قائل ہوں جفا کے تو یہی کیا کم ہے
کون کہتا ہے پشیمانِ جفا ہونے کو

تلخیٔ کام و دہن آگئی دل تک ساقی
دیر کتنی ہے درِ میکدہ وا ہونے کو

مَسلکِ دیدہ وراں اہلِ ہوس کیا جانیں
نارسی کہتے ہیں منزل پہ رسا ہونے کو

کس قدر گرم ہے بازارِ سیاست کاری
دیر لگتی نہیں ہنگامہ بپا ہونے کو

حُسن غافل نہیں اربابِ وفا سے لیکن
کوئی تو بات ہو شایانِ جفا ہونے کو

ہِل نہ جائے کہیں بُنیادِ زمینِ دل کی
غم کا طوفان ہے اب حد سے سِوا ہونے کو

خفگی بھی تیری از راہِ عنایت ہے مگر
لوگ کیا سمجھیں گے اس طرح خفا ہونے کو

مُدتوں بعد تو خوابِ شبِ عشرت ٹوٹا
وقت درکار ہے اب ہوش بجا ہونے کو

شوقؔ، زنجیرِ عناصر مجھے کیا رُوکے گی
حُکم کی دیر ہے زنداں سے رہا ہونے کو

۱۱۲

O

غمِ دَوراں کی شورش تھی تری یادوں کے نشتر تک
تھا طوفاں تو سُنتا ہوں دل سے دیدۂ تر تک
رسائی جب نہ حاصل ہو کسی کے قلبِ مضطر تک
نظر پہنچی تو کیا پہنچی جہانِ ماہ و اختر تک
کوئی منظر جہاں فطرت سے ہم آہنگ ہوتا ہے
تو جاتی ہے نظر اکثر کسی نادیدہ منظر تک
نمودِ زندگی کے ساتھ ہیں دُنیا کے ہنگامے
رہا کرتی ہے میخانے میں گرمی دَورِ ساغر تک
مقابل ہو بھی جاتے ہیں اگر ظرف و نظر والے
دِلوں کا ذکر کیا' مَیلے نہیں ہوتے ہیں تیور تک
کہاں کی فصلِ گُل' کیسا گلُستاں' آشیاں کیسا
خیالوں میں بمشکل رہ گئے ہیں اب وہ منظر تک

۱۱۳

ہمارے بے جبیں سجدوں کی عظمت خاک سمجھیں گے
وہ جن کی بندگی محدود ہے محراب و منبر تک

نگاہِ اہلِ دل پابندِ نظارہ نہیں ہوتی
شعورِ دید خود تخلیق کر لیتا ہے منظر تک

نظاروں کا نکھر آنا، پتہ دیتا ہے جلوؤں کا
فضا کیا تیرے آنے سے بدل جاتے ہیں منظر تک

اسے معلوم کیا دشواریاں راہِ محبت کی
عمل کی راہ میں جس نے کبھی کھائی نہ ٹھوکر تک

نظر پر منحصر ہے چاہے کوئی بھی تماشا ہو
نظر میں ہو اثر اِتنا تو بول اُٹھتے ہیں منظر تک

لہو انسانیت کا ہو گیا ہے کس قدر سستا
گلوں کی انجمن میں بھی نکل آتے ہیں خنجر تک

خدا جس کو بچائے شوقؔ بچتا ہے وہی ورنہ
ہوس کی دسترس کیا کم ہے دامانِ پیمبر تک

۱۱۴

لَب پہ ہنسی، دلوں میں کہرام، چلنے دیجے	مقتل بھی انجمن کا اک نام چلنے دیجے
اِنسانیت کُشی کا اِقدام چلنے دیجے	جیسا بھی چل رہا ہے یہ کام چلنے دیجے
ہم کو تو دیکھنا ہے کیا ہے مزاجِ ساقی	تلوار چلنے دیجے یا جام چلنے دیجے
جاگے ہیں اب تو رَہرَو، احساس ابھی ہے کیا ہو	سب آئے گا سمجھ میں دو گام چلنے دیجے
ذوقِ چمن پرستی نرغے میں ہے خزاں کے	کب تک تباہیوں کا ہنگام چلنے دیجے
کل کی کسے خبر ہے کیا انقلاب آئے	جب تک چلے سَروں کا نیلام چلنے دیجے
غارت گری چمن کی تقدیر بن گئی ہے	نکلے گا کچھ نہ کچھ تو انجام چلنے دیجے
یہ سلسلہ نہ جانے جاکر کہاں رُکے گا	بیروت بن گیا ہے آسام چلنے دیجے

لوگوں کے ذہن کچھ تو بہلیں گے شوق اِس سے
اک دوسرے کو دیجے الزام چلنے دیجے

۱۱۵

○

کمالِ قرب ہے خود اک حجابِ نامعلوم　　　مگر یہ رازِ نظر ہر کسی کو کیا معلوم
زمانہ گرمِ سفر ہے کچھ اتنی تیزی سے　　　ہر ایک فاصلہ ہوتا ہے سلسلہ معلوم
تیری تلاش میں وہ مرحلے بھی آئے ہیں　　　ہوا خود اپنے سے بھی کچھ حجاب سا معلوم
سوا ہے پہلے سے قلب و نظر کی بے نوری　　　یہ ارتقا ہے تو انجامِ ارتقا معلوم
کبھی شکستِ تمنا نہیں ہوئی ہوگی　　　شکستِ دل کسے کہتے ہیں تم کو کیا معلوم
ستم ظریفیٔ قدرت ہے زندگی کیا ہے　　　حدودِ علم میں ہے اور پھر بھی نامعلوم
اُدھر سے ہی نہ ہو توفیقِ آرزو جب تک　　　بہ زورِ علم ہوا کس کو راستہ معلوم
میرا وجود ہے جس کی طلب میں آوارہ　　　وہی خیال ہے اک آرزوئے نامعلوم
فریب خوردہ ہوں احساسِ آشنائی کا　　　کھُلے بہ دیر، جو ہوتے تھے آشنا معلوم
نظر لباس پہ رہتی ہے اہلِ دُنیا کی　　　انھیں جراحتِ زیرِ لباس کیا معلوم
بَقدرِ ظرف و نظر ہے ظہور جلوؤں کا　　　نہیں تو دیدۂ بینا کا حوصلہ معلوم

کرو نہ شوقؔ بھروسہ کسی پہ بھُولے سے
"کہ خبثِ نفس نہ گردد بہ سالہا معلوم"

(طرحی مشاعرہ سالانہ یادِ فانی)

١١٦

کمالِ ہوش ہے جن کو وہ دیوانے سے لگتے ہیں
حقائق زندگی کے آج افسانے سے لگتے ہیں

سب اپنے ہیں بظاہر جانے پہچانے سے لگتے ہیں
کوئی وقت آپڑے تو صاف بیگانے سے لگتے ہیں

شرافت کے لبادے جب اُتر جاتے ہیں جسموں سے
تو یہ گنجان شہر آباد ویرانے سے لگتے ہیں

بہاروں میں بھی گلشن کی اُداسی کیوں نہیں جاتی
یہاں کچھ سوختہ جانوں کے کاشانے سے لگتے ہیں

بنائے جاتے ہیں انسانیت سوزی کے منصوبے
یہی آئینہ خانے مَعصیت خانے سے لگتے ہیں

شعورِ زندگانی تربیت پاتا ہے صدموں سے
حَوادث، حوصلہ مندوں کے نذرانے سے لگتے ہیں

بکھرتے ٹوٹتے خوابوں کو دل سے کیا لگا رکھیں
یہ ایسے زخم ہیں جو زخم بھر جانے سے لگتے ہیں

ادائے سادگی بھی اک فن کاری ہے شوقؔ ان کی
وہ سب کچھ جانتے ہیں لیکن اَنجانے سے لگتے ہیں

۱۱۷

○

نہ تم آئے نہ آیا لوٹ کر دَورِ بہار اپنا اب اپنی زندگانی ہے مسلسل انتظار اپنا

ہمارا حال سُن کر کہتے ہیں سب حالِ زار اپنا بیانِ درد کرنا کیا ہے کھُونا ہے وقار اپنا

خوشا فیضانِ مجبوری، نہ بہنے کی بھی سہتے ہیں سلامت بے نیازی اُن کی، قائم اختیار اپنا

بنامِ اعتبار اِس درجہ دھوکے کھائے ہیں ہم نے کہ اب مشکل سے آتا ہے ہمیں خود اعتبار اپنا

قفس میں بند اپنی ہمتِ پرواز کیا ہوتی گُلستاں میں بھی تھا سب سے الگ رنگِ بہار اپنا

خلافِ وضعداری کچھ کسی سے کہہ نہیں سکتے اب آئے گا بھی تو آئے گا کس کو اعتبار اپنا

ہجومِ درد سے پھر دل کو کچھ فرصت ملی شاید کئی دن سے خیال آنے لگا ہے بار بار اپنا

تمہاری بے نیازی تم کو فرصت دے تو آجانا دلِ صد چاک کب سے ہے گُلستاں در کنار اپنا

حیاتِ مُستعار اپنا بھرم کھو بیٹھتی کب کے خُدا رکھّے غموں کو رہ گیا کچھ اعتبار اپنا

بجبرِ حال شوق اب انتظارِ وقت ہے ہم کو
بہت ممکن ہے کل حالات کو ہو انتظار اپنا

شعورِ فکر و نظر کی خوبی سلیقہ شانِ حیات کا ہے!
زمانہ واقف نہیں ہے مجھ سے تو اس میں میرا قصور کیا ہے
ادائے پرسش بھی دل دہی بھی ستم ہے لیکن کرم نما ہے
زبان پاسِ ادب سے چپ ہے تو درد آنکھوں میں آگیا ہے
ہنسی ہنسی میں ذرا سی سنجیدگی کا پہلو غضب ہوا ہے
کہاں پہنچ کر میری نظر کو شکستِ دل کا پتہ چلا ہے
ہر ایک طوفاں سے کھیل کر ہم خود ایک طوفان بن گئے ہیں
خدا سلامت رکھے غموں کو حیات ہنگامہ آشنا ہے
یہ اس نظر کی ہے بے پناہی کہ زد میں رہتا ہے ہر زمانہ
کبھی کبھی کچھ بدل گئی ہے تو نظمِ عالم بدل گیا ہے

۱۱۹

لطافتِ جلوہ اک حجابِ نظر بھی ہے دعوتِ نظر بھی
اَدا اَدا کی مناسبت سے نظر کا عالم جُدا جُدا ہے

سلگتے دل سے ادا کیا ہے خراج ہم نے مسرّتوں کا
وفا کی نازک حقیقتوں پر جہاں کوئی وقت آپڑا ہے

حیات خود صدمہ بن گئی ہے فریب کھا کھا کے راحتوں کا
مزاج کی برہمی نہ دیکھو مزاج باقی کہاں رہا ہے

بڑے مزے کی جگہ ہے دُنیا بشرطِ فرصت بقدرِ ہمت
ستم یہ ہے شوقؔ ہر قدم پر ہیں خود اپنا ہی سامنا ہے

نارسا ہو کے نگاہیں میری کھو جاتی ہیں
ہر تجلی تیری معیار ہے بینائی کا

۱۲۰

وجودِ غم کسی عنواں بہت غنیمت ہے
سکونِ روح کا ساماں بہت غنیمت ہے

سمجھ میں آنے لگا ہے مزاج اندھیروں کا
درازیٔ شبِ ہجراں بہت غنیمت ہے

حیات اپنی ہی تنہائیوں سے مٹ جاتی
یہ حادثات کا طوفاں بہت غنیمت ہے

جنوں کی رسم بھی مٹنے لگی ہے دنیا سے
ہمارا چاک گریباں بہت غنیمت ہے

ہمارے خون کی قیمت زمانہ کیا دے گا
تری نگاہِ پشیماں بہت غنیمت ہے

دلوں میں تلخیٔ دوراں نے زہر گھول دیا
چلو کہ صحبتِ رنداں بہت غنیمت ہے

بدلتے رہتے ہیں نقشے نظامِ عالم کے
مذاقِ فطرتِ انساں بہت غنیمت ہے

کسی سے اتنی بھی اُمید ہم نہ رکھتے تھے
تری جفاؤں کا احساں بہت غنیمت ہے

دیارِ شعر و ادب شوقؔ ہے دکن اب بھی
"ذرا نہیں یہ گلستاں بہت غنیمت ہے"

۱۲۱

○

غمِ کون و مکاں سے فکرِ بیش و کم سے گزرے ہیں
فقط اک جام میں ہم کتنے ہی عالم سے گزرے ہیں

گزرگاہِ تمنا میں گلستاں ہو کہ زنداں ہو
جدھر گزرے ہیں دیوانے اُسی دم خم سے گزرے ہیں

زمانہ آشنا ہے صرف اشکوں کے تلاطم سے
وہ طوفاں اور ہیں جو دیدۂ بے نم سے گزرے ہیں

گزرنا خاکِ دل سے شاید اُن کو بار گزرا ہے
نشانِ پا بتاتے ہیں کہ کچھ برہم سے گزرے ہیں

ہمیں اے گردشِ دوراں، گیا گزرا نہ جان اتنا
گزرنے پر جب آئے ہیں تو ہر عالم سے گزرے ہیں

۱۲۲

کیسے کٹتے ہیں وقتوں کی نزاکت آپ کیا جانیں
ہمی واقف ہیں ہم کس کس مقامِ غم سے گزرے ہیں

بہاروں کی تمنا میں لُٹی تھی زندگی جن کی
بہار آئی تو رقصِ شعلہ و شبنم سے گزرے ہیں

نظر کو روشنی کیا شوقؔ دیں گے ڈوبتے تارے
کئی سورج ہمارے سامنے مدّھم سے گزرے ہیں

زندگی زندانِ غم ہے جسم، جاں پرور قفس
اہلِ دل کے حق میں دنیا ہے قفس اندر قفس

۱۲۳

آگہی موت سے کم بھی نہیں رُسوا بھی نہیں
دیکھتا ہوں وہ تماشا جو تماشا بھی نہیں

جلوہ مشتاق بھی ہوں جلوہ تقاضا بھی نہیں
حسن مجروحِ نظر ہو یہ گوارا بھی نہیں

زندگی ہم کو بہت دیر میں راس آئی ہے
درد کم بھی نہیں امکانِ مداوا بھی نہیں

راہ پاتا ہے زمانہ میری گمراہی سے
منزلیں کیا میرے آگے کوئی رستہ بھی نہیں

بعض وقتوں کے خیالات بھی کیا ہوتے ہیں
دُور تک جیسے میں تنہا بھی ہوں تنہا بھی نہیں

سابقہ ایسے ستمگر سے ہے دن رات اپنا
یعنی قاتل بھی نہیں وہ تو مسیحا بھی نہیں

روشنی ملتی ہے دُنیا کو انہی لوگوں سے
جن کے حصّے میں چراغوں کا اُجالا بھی نہیں

اپنے ہی شہر میں اب اپنے شناسا کم ہیں
دشتِ غُربت میں عجب کیا جو شناسا بھی نہیں

ہر تباہی کا سبب ہے دلِ مضطر تنہا
غم ہزار آفتِ جاں ہے مگر اتنا بھی نہیں

حق رفاقت کا ادا کر دیا شاید اس نے
دل گلستاں بھی نہیں درد کا صحرا بھی نہیں

مشورے دیتے ہیں احباب مجھے شوقؔ ایسے
جیسے اب تک مجھے اندازہ خود اپنا بھی نہیں

(طرحی مشاعرہ جشن حضرت فراقؔ گورکھپوری)

۱۲۴

○

کس کی خوشبو سے مہکتی ہے صبا آخرِ شب　　دل ہُوا جاتا ہے غنچوں کی قبا آخرِ شب
لاکھ اندھیرے ہوں تو کیا شام سے تا آخرِ شب　　اک نئی صبح کی بنتی ہے فضا آخرِ شب
جاگنا اپنا مقدّر ہے چراغوں کی طرح　　اوّلِ شب رہے اپنے لئے یا آخرِ شب
سامنا غم کے اندھیروں کا کوئی سہل نہیں　　ماند پڑ جاتی ہے شمعوں کی ضیا آخرِ شب
آگ میں دل کی جھُلس جائے نہ دامن ترا　　دے نہ احساس کے شعلوں کو ہَوا آخرِ شب
اوّلِ شب میں یہ ہنگامے ہیں میخانے کے　　اور بھی رنگ پہ آئے گی فضا آخرِ شب
کون جاتا ہے دبے پاؤں نہ جانے دل سے　　اکثر آئی کسی قدموں کی صدا آخرِ شب

زندگی شوقؔ بدلتی رہی کروٹ کیا کیا
عُمر کا اپنی، ہر اک دَور رہا آخرِ شب

(طرحی مشاعرہ یادِ مخدوم محی الدین)

۱۲۵

ہوش آیا اور غموں کا مرحلہ بڑھتا گیا عُمر کیا بڑھتی گئی یہ سلسلہ بڑھتا گیا

زندگی کے راستے کس دَور میں خالی رہے کم ہوا اک قافلہ، اک قافلہ بڑھتا گیا

بدگمانی بڑھ کے ترکِ رسم و رہ تک آگئی فاصلہ پیدا ہوا اور فاصلہ بڑھتا گیا

حادثے ظرف و نظر کا امتحاں لیتے رہے مشکلوں کے ساتھ دل کا حوصلہ بڑھتا گیا

جیسے جیسے حلقۂ احباب کی وسعت بڑھی ویسے ویسے رنج و غم کا سلسلہ بڑھتا گیا

منزلِ ہستی نہ تھی دو گام سے بڑھ کر مگر وقت کے ہمراہ ایک اک مرحلہ بڑھتا گیا

عُمر بھر فکر و نظر کی کشمکش جاری رہی ہر قدم پر جستجو کا قافلہ بڑھتا گیا

ہر نفس گہوارۂ مستقبل و ماضی ہے شوق

اک مسافت گھٹ گئی اک فاصلہ بڑھتا گیا

۱۲۶

بہ ضعفِ دل ہے ہر غم سر اُٹھائے — ڈھلا سورج بڑھے قامت سے سائے
گلوں کے پیار میں وہ زخم کھائے — دھڑک جاتا ہے دل پھولوں کے سائے
کسے پیارا نہیں ہوتا نشیمن! — بشرطیکہ گلستاں راس آئے
اسی کو دیکھنے کی آرزو ہے — نظر بھر کر جسے دیکھا نہ جائے
ہر اک دامن پہ دھبے خون کے ہیں — نہ جانے یہ چلن کیا رنگ لائے
نظر سیدھی رہے اس کی تو بس ہے — زمانہ لاکھ نظروں سے گرائے
اُلجھ کر ہم اگر ساغر اُٹھا لیں — غمِ دوراں کا سورج ڈوب جائے
جنوں کی کتنی سادہ زندگی تھی — خرد نے حاشیے کیا کیا چڑھائے
ڈبوتا ہے وہی اکثر جہاں کو — جو طوفاں دل سے آنکھوں تک آئے
مجھے ہر روز کا مرنا گوارا — مگر اندر کا انساں مر نہ جائے

مزاجِ وقت جب بھی شوقؔ بدلا
سمجھ میں آ گئے اپنے پرائے

۱۲۷

کمالِ حسن کا اقرار کر جانا ہی پڑتا ہے
ادا میں اتنی کافر ہوں تو مر جانا ہی پڑتا ہے

کوئی منزل ہو مجبورِ سفر ہیں حوصلے والے
گزر مشکل سہی لیکن گزر جانا ہی پڑتا ہے

طلب میں تیز گامی ہر جگہ موزوں نہیں ہوتی
جہاں بھی وقت ٹھہرائے ٹھہر جانا ہی پڑتا ہے

کہاں تک ناز برداری تیری اے گردشِ دوراں
چڑھے دریا کو بھی اک دن اُتر جانا ہی پڑتا ہے

گلستاں ہو کہ صحرا کوئے قاتل ہو کہ میخانہ
جدھر تقدیر لے جائے اُدھر جانا ہی پڑتا ہے

ترے جلووں کی تابانی سنبھلنے ہی نہیں دیتی
نظر کو ہوش کی صُورت بکھر جانا ہی پڑتا ہے

رواں ہے کاروانِ زندگی لمحوں کی صورت میں
بکھرتے ٹوٹتے شام و سحر جانا ہی پڑتا ہے

وہ چلتے ہیں تو ساتھ ان کے نظر تنہا نہیں جاتی
ہمیں بھی دُور ہمراہِ نظر جانا ہی پڑتا ہے

کبھی حالات اس منزل پہ بھی لاتے ہیں انساں کو
کہ سب کچھ جان کر سب سے گزر جانا ہی پڑتا ہے

زمینِ دل کی شادابی ہے امواجِ حوادث سے
بہار آئے تو گلشن کو سنور جانا ہی پڑتا ہے

یہی تو شوق مجبوری ہے اپنی بزمِ ساقی میں
ہزار انکار کرتے ہیں مگر جانا ہی پڑتا ہے

۱۲۸

شمیمِ گُل میں وہ خوشبو نہیں ہے ترا دھوکا ہے لیکن تو نہیں ہے
جو دل محدودِ رنگ و بو نہیں ہے وہ منزل گر ہے منزل جو نہیں ہے
رہائی کی تڑپ جانے نہ پائے ملال قوّتِ بازو نہیں ہے
کبھی آنسو ہی آنسو تھیں یہ آنکھیں فقط آنکھیں ہیں اب آنسو نہیں ہے
کسی پہلو سے دیکھو زندگی کو سکونِ دل کسی پہلو نہیں ہے
ترقی کتنی ہی کر لے زمانہ جو آئے عقل میں وہ تو نہیں ہے
یہ پیچ و خم ہیں راہِ زندگی کے کسی کا حلقۂ گیسو نہیں ہے
ترا نظّارہ ممکن ہے جبھی تک نظر کے آگے جب تک تو نہیں ہے

زمانہ شوقؔ ان کے بس کا کیا ہو
جنھیں اپنے پہ خود قابو نہیں ہے

۱۲۹

جہاں تک یادِ جاناں ہمقدم معلوم ہوتی ہے
کسی بھی غم کی شدّت کم سے کم معلوم ہوتی ہے

تڑپنے کی سکت جب دل میں کم معلوم ہوتی ہے
تری بے التفاتی بھی کرم معلوم ہوتی ہے

نکل آتے ہیں آنسوان کے آنے کی مسرت میں
خوشی حد سے زیادہ ہو تو غم معلوم ہوتی ہے

کہاں پہنچا دیا دیوانگیٔ شوق نے ہم کو !
سوا تیرے ہر اک شئی کالعدم معلوم ہوتی ہے

نظر آتے نہیں آثار کچھ اچھے گلستاں کے
ہنسی پھولوں کی رودادِ الم معلوم ہوتی ہے

بھیانک صورتوں میں رہتی ہے شانِ کرم پنہاں
ستم کی شکل ظاہر میں کرم معلوم ہوتی ہے

جہاں دل کی زباں آنکھیں ہوں آنکھوں کی زباں آنسو
وہیں کچھ احتیاطِ عرضِ غم معلوم ہوتی ہے

بقدرِ عظمتِ مقصد مصائب پیش آتے ہیں
جبھی شانِ دلِ ثابت قدم معلوم ہوتی ہے

بڑا شہرہ سُنا تھا شوق ہم نے صبحِ گلشن کا
یہاں تو ہر کلی باچشمِ نم معلوم ہوتی ہے

۱۳۰

گُم ہوں نظر کے ساتھ رُخِ یار دیکھ کر　　جاگی ہے رُوح، دولتِ بیدار دیکھ کر

رو، ہم قفس نہ مجھ کو گرفتار دیکھ کر　　آیا ہوں میں تباہیِ گلزار دیکھ کر

خاطر میں بجلیوں کو نہ لاتے تھے ہم کبھی　　ڈرتے ہیں اب گُلوں کو شرر بار دیکھ کر

اب دل کے زخم دیکھنے والا نہیں کوئی　　چُپ ہو گیا ہوں سب کو اداکار دیکھ کر

ہر دَور میں بناتے ہیں راہ اپنی اہلِ دل　　دُنیائے عقل و ہوش کی رفتار دیکھ کر

ویرانیاں دِلوں کی بھی دیکھا کرو کبھی　　شہروں کے خوشنما درو دیوار دیکھ کر

پردے نہیں یہ ذوقِ نظر کے ہیں مرحلے　　جلوے دکھائے جاتے ہیں معیار دیکھ کر

پھر بڑھ نہ جائیں وقت کے شب رنگ سلسلے　　دھوکا نہ کھاؤ صُبح کے آثار دیکھ کر

مر ہی گئے تھے عیش پسندی میں کب کے ہم　　جینا پڑا تسلسُلِ آزار دیکھ کر

جاگا شعورِ دید تو از خود رمیدہ ہوں　　دیکھا نہ جا سکا انھیں اک بار دیکھ کر

چہرے ہیں رنگِ گردشِ دوراں بنے ہوئے　　سب دم بخود ہیں وقت کی رفتار دیکھ کر

جو لوگ شوقؔ ہوتے ہیں تہہ دار و دُور بیں
کم کم کسی پہ کھلتے ہیں بسیار دیکھ کر

○

خدا تیرا نگہباں اے خلوصِ درد مندانہ　　یہ دُنیا ہے یہاں ہر شئی ہے افسانہ در افسانہ

گداز شمع ہو، چاہے وہ سوزِ قلب پروانہ　　تغیّر وقت کا سب کو بنا دیتا ہے افسانہ

زمانہ اپنی کوتاہی کو بھی اک فن بنا دیتا ہے　　خرد جس کو سمجھنے سے ہو قاصر وہ ہے دیوانہ

میرا ذوقِ سفر آسودگی مائل نہیں ورنہ　　نہ میں بیگانۂ منزل نہ منزل مجھ سے بیگانہ

یہاں تحفوں کو آنسو اور نذرانوں کو جانیں ہیں　　غریبوں کی محبت میں کہاں شانِ امیرانہ

زمانے کے بدلنے سے محبت کب بدلتی ہے　　حقیقت منجمد رہتی ہے اور چلتا ہے افسانہ

یہ خانہ بندیاں میخانے کو ساقی نہ لے ڈوبیں　　بنا رکھا ہے ہر اک رند نے اپنا الگ خانہ

تمہی حقدارِ فصلِ گل نہیں تنہا چمن والو　　چمن میں ہم بھی ہیں لیکن بہ اندازِ حریفانہ

فسانے ساغر و مینا کے چاہے شوقؔ کچھ بھی ہوں
فریبِ تشنگی کے سائے میں پلتا ہے میخانہ

۱۳۲

جب سے کسی کے جلوے مدِ نظر ہوئے ہیں — اظہارِ غم کے جذبے نا معتبر ہوئے ہیں
شادابیٔ چمن کو ہم نے لہو دیا تھا — اب اپنے زخمِ دل ہی گُلہائے تر ہوئے ہیں
کتنی گراں بہا ہے یہ جنسِ ہوشمندی — ٹوٹے ہیں ہر طرح سے تب دیدہ ور ہوئے ہیں
اہلِ قفس کو تنہا آزادیوں کا غم ہے — ہم تو چمن میں رہ کر بے بال و پر ہوئے ہیں
کیا قُرب کیسی دُوری، راہوں میں زندگی کی — کچھ فاصلے بڑھے ہیں کچھ مختصر ہوئے ہیں
شانِ جنوں گھٹاتے کیا چاک دامنی سے — ہم خوش لباسیوں میں آشفتہ سر ہوئے ہیں
آوارگانِ غم کی منزل نہیں ہے کوئی — اِس راہ کے مسافر خود رہ گزر ہوئے ہیں
رونق کہاں رہے گی پھولوں کی انجمن میں — گُلشن پرست سارے گُلشن بدر ہوئے ہیں
انجام سے ہیں لرزاں خسرو دماغ داراں — برسوں کے زخم خوردہ اب تیشہ گر ہوئے ہیں
چھوٹا جو ساتھ اُن کا لی سب نے راہ اپنی — تنہا ہوئے بھی ہم تو کس موڑ پر ہوئے ہیں
سرمایۂ طلب ہے اُفتادگی ہماری — منزل کی جستجو میں گردِ سفر ہوئے ہیں

شوق اپنی زندگی میں ہو نظم و ضبط کیونکر
ہم حادثوں کے ہاتھوں شادی کا گھر ہوئے ہیں

۱۳۳

یہ کیا پیام اس نگہِ کم سخن میں ہے
اک موجِ اضطراب رواں جان وتن میں ہے

انسان، حسنِ جلوۂ ظاہر میں کھو گیا
اب روشنی دلوں میں نہیں انجمن میں ہے

ہر ہر قدم پہ موت ہے اہلِ نگاہ کی
دنیا ابھی فسانۂ دار و رسن میں ہے

رشتہ بہارِ حُسن سے رکھتی ہے خاکِ دل
رہتا تو ہوں قفس میں مگر دل چمن میں ہے

جلوؤں کے واسطے کوئی قیدِ لباس کیا
تو مرکزِ نگاہ ہے جس پیرہن میں ہے

اک فاصلہ ہے قُربِ لطافت بجائے خود
ہونے کو یوں تو پھول میں بُو رُوح تن میں ہے

اُجڑے ہوئے دلوں کی فضا میں تلاش کر
ایسی بہار جس کی کمی ہر چمن میں ہے

اب جوشِ آرزو کی وہ سرگرمیاں کہاں
کچھ تازہ حادثوں کی حرارت بدن میں ہے

خود داریٔ حیات پہ کیا وقت آگیا
دُنیا اُمیدِ مُفت کرم داشتن میں ہے

ہر حادثے نے شوقؔ نیا حوصلہ دیا
جینے کا لطف منزلِ ہمت شکن میں ہے

۱۳۴

○

عشق ہے دراصل خود اپنے سے اپنا فاصلہ
اٹھتے ہیں جیسے قدم، بڑھتا ہے ویسا فاصلہ

کتنے ارمانوں سے آئے تھے تیری محفل میں ہم
یہ خبر کیا تھی بنے گی ہر تمنا فاصلہ

وقت کی مجبوریاں پَر کھولنے دیتیں نہیں
ورنہ کتنا ہے قفس سے آشیاں کا فاصلہ

ذہن و دل کے فاصلوں کا کیا تعین ہو سکے
قربتوں میں بھی نکلتا ہے ذرا سا فاصلہ

فاصلوں کے دم سے ہے ذوقِ طلب کی زندگی
جس جگہ بھی زندگی ہوگی رہے گا فاصلہ

جانے کتنے فاصلوں سے زندگی مربوط ہے
ہر قدم کا ہر نفس کا ہر نظر کا فاصلہ

عمر کٹ جاتی ہے راہِ شوق طے ہوتی نہیں
زندگی کے ساتھ چلتا ہے ہمیشہ فاصلہ

جذبِ اُلفت کا وہ نازک حال ہے دیوانگی
قُرب جیسا قُرب ہے اور فاصلہ سا فاصلہ

ٹوٹتی جاتی ہیں جب فکر و عمل کی قوتیں
سوچنے لگتا ہے انساں کم زیادہ فاصلہ

وقت کی باتیں بہت نازک ہوا کرتی ہیں شوقؔ
اک ذرا سی بات بنتی ہے دلوں کا فاصلہ

نویدِ آزادی

(مشاعرہ یوم آزادی آل انڈیا ریڈیو ۱۹۶۰ء)

غبارِ شب اڑا صبحِ درخشاں کا پیام آیا   درِ زنداں سے پھوٹے نغمۂ افکارِ آزادی
رہائی کی تڑپ نے توڑ دی زنجیرِ صدیوں کی   نشانِ حریت بن کر اٹھے معمارِ آزادی

شاعِ نور سے جاگیں شعور و فکر کی راہیں   روش بدلی فضائیں بدلیں اندازِ نظر بدلے
جنونِ عزم نے جب وقت کے دھاروں کا رُخ موڑا   گلستانِ قفس آثار کے شام و سحر بدلے

چلا جب سوئے منزل کاروانِ ذوقِ بیداری   تمناؤں کا مقتل بن گئی خلوت بھی محفل بھی
مگر اہلِ وفا نے خون اپنا اس طرح چھڑکا   چراغِ راہ بھی رنگِ سحر بھی نقشِ منزل بھی

سفر رُکنے نہ پائے منزلِ تکمیلِ مقصد تک   اُلجھ جائے نہ پیچ و خم میں رستوں کے نظر اپنی
مسلسل مشکلیں تو زندگانی کی علامت ہیں   نہ بن جائیں کہیں آسانیاں حدِ سفر اپنی

ابھی موقع ہے اپنا جائزہ لو قافلے والو   نہ جانے کس گھڑی حالات کیا کروٹ بدلتے ہیں
عمل اسلاف کے ورثہ ہوا کرتے ہیں قوموں کا   اسی کی روشنی میں بعد آنے والے چلتے ہیں

طلب کرتی ہے ہر راہِ عمل' ایثار و قربانی   بغیر اس کے' اندھیرے زندگی سے جا نہیں سکتے
نئی تاریخ اگر اپنے لہو سے ہم نہ لکھیں گے   تو صرف آنسو بہا سکتے ہیں مقصد پا نہیں سکتے

جستجو

محترم مخدوم محی الدین کی فرمائش پر — (مشاعرہ سالِ نو مغل پورہ ۱۹۵۴ء)

فضا میں گونجتی رہتی ہیں کتنی آوازیں ہمارے کان ہیں اب تک بھی جن سے ناواقف
نگاہ اپنی حدوں میں ہی غرقِ حیرت ہے نظر کی حد سے پرے کیا ہے اس سے کیا واقف

رواں ہے وقت اسی شانِ بے نیازی سے خبر نہیں کہ زمانے گزر گئے کتنے
طلسمِ ہستیٔ فانی کسی پہ کھل نہ سکا اُمید اُمید میں کیا جانے مر گئے کتنے

ہر ایک دَور میں اک قافلہ گزرتا ہے بدل بدل کے مناظر دکھائے جاتے ہیں
ظہورِ جلوہ ابھی ناتمام ہے شاید کہیں کہیں کچھ اشارے سے پائے جاتے ہیں

مگر بایں ہمہ بے مائیگی و نادانی خرد کو اپنی ترقی پہ ناز ہے اب تک
گزر رہے ہیں مہ و سال عمر کے لیکن حیاتِ کشمکشِ غم دراز ہے اب تک

خوشی کی آس تعارف نہ ہو کہیں غم کا کہ عمر بھر یہی دھوکا نظر نے کھایا ہے
خوش آمدید تو کہتے ہیں "سالِ نو" کو مگر ہنسی لبوں پہ جب آئی تو جی بھر آیا ہے

حیات صدیوں سے ہے جستجو میں سرگرداں سحر ہوئی تو یہاں اعتبارِ شام نہیں
طلب کی منزلِ آخر کہاں ہے کیا جانے تمام ہو کے بھی یہ مرحلہ تمام نہیں

اِندرا درشنی

(آل انڈیا مشاعرہ اندرا درشنی سنہ ۱۹۷۲ء)

سائنس لیتی ظلمتوں میں "آدمی نامت" کرن قلب کی دھڑکن، شعور و آگہی کی انجمن
عزم و ہمت کا ہمالہ، شمع ناموسِ وطن موسمِ گلہائے آزادی کا چمن اندر چمن

وقت کی ہر دولتِ بیدار جس کے ہاتھ ہے
صرف ہندوستان کیا دنیا بھی اس کے ساتھ ہے

آبروئے قوم و ملّت، دوستدارِ حرّیت نازشِ جمہوریت، عزّ و وقارِ حرّیت
انجمن سازِ رواداری، بہارِ حرّیت آفتابِ نیم روز و شاہکارِ حرّیت

جس کے آگے دم گھٹا جاتا ہے ہر تخریب کا
اندرا گاندھی نشاں ہے ہند کی تہذیب کا

چہرۂ حالات کو پہچاننے والی نظر دُور سے طوفان کا رخ جاننے والی نظر
انقلابِ روز و شب کو چھاننے والی نظر ہر حقیقت کو حقیقت ماننے والی نظر

۱۴۸

دورِ بیداری کی جیتی جاگتی تاریخ ہے
ذہن و دل میں گونجنے والی مسلسل چیخ ہے

اندرا، اخلاص و انساں دوستی کا نام ہے　　امن کا مینار، ذہنی تازگی کا نام ہے
وقت کے دھارے کا قومی زندگی کا نام ہے　　فکر و دانش کی مجسم روشنی کا نام ہے

جس کے آگے ٹوٹ جاتا ہے اندھیروں کا غرور
جس سے پاتا ہے زمانہ خود شناسی کا شعور

پائے استقلال جس کا منزلوں کا سنگِ میل　　کھینچ دی جس نے ہمالائی عزائم کی فصیل
جس کا اندازِ تدبّر صبحِ فردا کا کفیل　　صنفِ نازک ہو کے بھی مردانہ ہمت کی دلیل

روشنی کی سرزمیں کا گوہرِ تابندہ ہے
روحِ باپو کی، جواہر لال کا دل زندہ ہے

۱۳۹

تجدیدِ سفر

تم نئے سال کی دیتے ہو مبارک بادی اور میں سوچ رہا ہوں کہ کہا کیا جائے
خود فریبی کی بھی آخر کوئی حد ہوتی ہے زندگی روز کے مرنے سے نہ گھبرا جائے
ہر نیا روز، نیا سال نظر آتا ہے

بلکہ ایسی روشِ وقت بھی ہوتی ہے کبھی ایک اک دن میں کئی سال گزر جاتے ہیں
رُوپ بدلے کئی خوشیاں کئی غم آتے ہیں ہم بہکتے ہیں بہت، ہوش میں کم آتے ہیں
اک روایت ہے جو صدیوں سے چلی آتی ہے

آتے رہتے ہیں مہ و سال بدل جاتے ہیں زندگی خواب دکھاتی ہے سُہانے کیا کیا
انقلابات، تمنائیں، حوادث، فتنے سالِ نَو اس کے سوا کیا ہمیں تحفہ دے گا
باوجود اس کے بہرحال جیئے جانا ہے

نہ ہوں فردا کی اُمیدوں کے اُجالے مدھم شمعِ احساس کی لَو اور ذرا تیز کرو
وقت نے عُمر کا پھر ایک ورق اُلٹا ہے نقشِ افکار میں پھر تازہ لہُو بھرتے چلو
اک نئے عزم سے تجدیدِ سفر کرنا ہے
زیست بھی ایک سفر موت بھی ہے ایک سفر
ایک کے بعد ہمیں ایک سفر کرنا ہے

سازش

بھیانک سازشیں کر کے اندھیرے
سحر پر فتح پانا چاہتے تھے
مگر سورج تو پھر سورج ہی ٹھہرا
اندھیرے کب ٹکے سورج کے آگے
جو پھیلیں نور کی کرنیں تو دیکھا　　کئی چہرے نقابوں میں چھپے تھے
یہ کیا دیوانگی ہے اہلِ گلشن!
کہ ہم جمہوریت کا نام لے کر
رکھیں خنجر خود اپنوں کے گلے پر
دماغ و دل میں بھر دیں زہر نفرت
کھڑا کر کے کبھی مذہب کا جھگڑا
تعصب اور تشدد کو ہوا دیں
بہائیں روز و شب خون آدمی کا　　اسی کا نام ہے انسانیت کیا؟

۱۴۱

ذرا ہوشیار رہنا رہبروں سے
ہیں مل جل کے رہنا ہے چین میں
بُری ہوتی ہے آپس کی لڑائی
کئی قومیں اسی میں مٹ گئی ہیں
بہاریں لائے ہیں ہم خون دے کر
اسے نذرِ خزاں ہونے نہ دیں گے

صفوں میں اپنی جو بھی پھوٹ ڈالے   حقیقت میں وطن دشمن وہی ہے
جہاں امن و مسکوں پر آنچ آئے
تو لازم ہے امیرِ کارواں پر
نہ دیکھے رسمِ راہِ باہمی کو
بچا لے بڑھ کے قومی زندگی کو

قیادت پر نظر رہتی ہے سب کی   قیادت ذمہ دار کارواں ہے
نہ ہونے دیں گے آزادی کو رُسوا
کہ ہم تاریخ ہیں عہدِ وفا کی

۱۴۲

وطن والے وطن دشمن بنے ہیں
جو ساتھی تھے وہی رہزن بنے ہیں
بچا لائے جو ہر طوفاں سے کشتی
ہم ایسی ناخدائی چاہتے ہیں
یہی ورثہ جواہر لال کا ہے
اسی میں قوم و ملت کی بقا ہے
اگر ہم ہوش میں اب بھی نہ آئیں
بکھر جائے گا شیرازہ ہمارا
کہاں تک خوابِ غفلت میں رہیں گے سنبھل جاؤ کہ اب وقت آگیا ہے

۱۹۷۵ء

عہدِ حاضر

کبھی ہندوستاں جنّت نشاں تھا جہنّم زار ہوکر رہ گیا ہے
سیاسی شعبدے وہ چل رہے ہیں کہ جینا بار ہوکر رہ گیا ہے
اندھیروں کے مقابل ہوکے برسوں لڑے جو صَف بہ صَف شانہ بہ شانہ
وہی اہلِ وطن اب روزِ روشن ہیں اپنوں کے تشدّد کا نشانہ
یہ کیسا نفرتوں کا زہر پھیلا سبھی اک دوسرے سے بدگماں ہیں
یہ قتل وخوں یہ ہنگامے یہ فتنے کھُلی ذہنی تباہی کے نشاں ہیں
یہاں پہلے بھی تھیں کتنی ہی قومیں لہو سب نے دیا ہے اس چمن کو
مگر یہ دَورِ بربادی ہے کیسا کہ مقتل سے بدل ڈالا وطن کو
اُلجھ کر ہر طرح کی منفعت میں زبانوں کی طرح ہم بٹ گئے ہیں
کہاں جائے گی دُنیا کون جانے سب اپنے راستے سے ہٹ گئے ہیں
ہمیں اب جائزہ لینا ہے اپنا کہ کرنا کیا ہے اور کیا کر رہے ہیں
شرافت ہے نہ باقی آدمیت فقط آپس میں لڑکر مر رہے ہیں
تقاضے عہدِ حاضر کے سمجھ کر مزاج اپنا بدلنا لازمی ہے
جدھر منزل ہے قومی زندگی کی وہ رستہ ہم کو چلنا لازمی ہے

تلخیٔ احساس

ہر گام پہ ہمرنگِ زمیں دام بچھے ہیں
اس رہ سے گزرنا ہے بچائے ہوئے دامن

ہنس بول کے دن رات بسر کرتے ہیں اپنے
سینہ ہے اگرچہ کہ تمناؤں کا مدفن

شاہیں کی طرح جیتے ہیں اربابِ محبت
پابندِ بہاراں نہ اسیرِ گُل و گلشن

پی لیتے ہیں زہرِ غمِ ایام خوشی سے
ہونٹوں کی ہنسی کم نہیں زخموں کی ہنسی سے

ہر سانس پہ بیٹھے ہیں مفادات کے پہرے
ہر پاؤں میں حالات کی زنجیر پڑی ہے

جس سمت اُٹھاتی ہے قدم حوصلہ مندی
محسوس یہ ہوتا ہے قیامت کی گھڑی ہے

کرتے تو ہیں آزادیٔ افکار کی باتیں
ہر موڑ پہ اغراض کی دیوار کھڑی ہے

اس دَور کا انساں ہی کچھ اور ہے یا رب
جس دَور میں ہم زندہ ہیں کیا دَور ہے یا رب

حالات کی رفتارِ ترقی پہ ہے کتنی
جس رُخ پہ نظر ڈالیے ہنگامے بپا ہیں

خوش رنگ لباسوں میں چُھپائے ہوئے خود کو
قاتل ہیں حقیقت میں بظاہر شُرَفا ہیں

کب بدلیں گے کیا جانیے روِش قافلے والے
الفاظ میں سب ایک ہیں معنوں میں جُدا ہیں

اچھے نہیں آثارِ چمن دیکھیے کیا ہو
انجامِ فساداتِ وطن دیکھیے کیا ہو